Kampfkunst und Zivilisation

ANDRÉ COGNARD

KAMPFKUNST UND ZIVILISATION

AIKIDŌ, GESELLSCHAFT UND SPIRITUELLES BEWUSSTSEIN

WERNER KRISTKEITZ VERLAG

Titel der Originalausgabe: »Civilisation et arts martiaux, ou: Le nœud de la ceinture«. Copyright © Question de – Albin Michel, Paris 1995.

Übersetzung aus dem Französischen: Gitta Barthel.

Druck: Beltz, Hemsbach

ISBN 3932337026

Internet: www.kristkeitz.de

Inhalt

Einleitung
Der innere Künstler[1]

Außerhalb derselben Wege nutzen Worte nichts.

Konfuzius

D er Mensch ist eingespannt zwischen Geburt und Tod, ein auf der Erde zurückgehaltener Gefangener mit einem Himmel über sich, zu dem er seine Augen emporhebt und nach Befreiung fleht.

Die Seele ist im Körper eingeschlossen, zwischen ihm und dem Geist festgehalten, Opfer der inneren Dualität, sich Rücken an Rücken in ihrer gegenseitigen Unwissenheit bedingend.

Die Körper kommunizieren untereinander, die mentalen[2] Bewusstheiten[3] tauschen einander aus, denn die fünf Sinne sind ihnen eigen.

Die Seele ist einsam, auf eine Form reduziert, die nicht durch Inkarnation zu Stande kam, beschränkt auf einen zu kleinen bewussten Raum, da er für sein Funktionieren zu sehr von der materiellen Struktur abhängig ist. Sie ist weder Körper

---

1 Dieser Text wurde für ein Harfenkonzert von Sophie Béguier an der Ausbildungsschule für Lehrer »3A« geschrieben und für die erste Aufführung von »Altaïre«.

2 Der Autor benutzt 'mental' im allgemein gebräuchlichen Sinn, nämlich als Raum, in dem das Bewusstsein Begriffe bildet. (Anm. d. Übers.)

3 Der Autor benutzt oft den Plural von »Bewusstsein«. In der deutschen Sprache findet sich hier kein allgemein gebräuchliches Wort dafür. Bewusstseinsebenen oder Bewusstseinsformen würden fälschlicherweise einen Teilcharakter assoziieren. Es wird deshalb der Ausdruck »Bewusstheiten« eingeführt, der zwar anfänglich etwas ungewöhnlich klingen mag, der aber die inhaltliche Idee des Autors am Getreuesten wiedergibt: Er geht von der Existenz mehrerer Bewusstheiten aus, die jeweils in sich eine Einheit sind. Dasselbe gilt für den Plural von »Unbewusstem«, der mit »Unbewusstheiten« übersetzt wird. (Anm. d. Übers.)

noch Mental, weder Körper noch Geist, sie ist weder Wesen noch Erscheinung, sie ist ausschließlich nur mit menschlichen Seelen im Austausch, individuell oder kollektiv. Sie wird vom einen bis zum anderen Ende des menschlichen Lebens getragen und wartet auf den Tod, um sich zu befreien. Sie hat eine Bestimmung, eine Aufgabe zu erfüllen, aber sie kann nicht kommunizieren.

Sie ist das Bild von uns allen: wir sind gefangen in uns selbst, überzeugt, wir selbst zu sein, und ohne Möglichkeit diese Existenz zu teilen, wir sind zu ewiger Einsamkeit verurteilt, zur Melancholie, zur Sehnsucht nach dem verlorenen Paradies, dem mütterlichen Schoß.

Die Seele strömt diese Sehnsucht aus, so wie die Blume ihren Duft, und das Bewusstsein, unser Bewusstsein, empfängt sie. Schmerz, Furcht, Traurigkeit – so viele Gerüche, die aus uns zu uns selbst gelangen. Und, da, wo Schmerz ist, ist Bewusstsein. Da, wo das Bewusstsein ist, da weilt Gott.

Der Mensch ist eine universelle Emotion, ein Zeugnis des Leidens der Welt, eingespannt in die Dualität Materie / Leere, an das Netz von Raum und Zeit gefesselt, Opfer der falschen Darstellung des Wesenhaften durch die Erscheinung.

Das Bewusstsein Gottes kann sich seiner selbst nicht bewusst werden, weil wir ein falsches Bild des Geistes sind.

Der Raum der Darstellung, dieser Zwiespalt zwischen dem Wesen und seiner Erscheinungsform, diese Leere, das ist die universelle Seele, da, wo die unsrige herkommt, die Mutter-Seele.[4]

Ja, du, Mensch, du bist der Künstler Gottes, der in diesem Raum, in dem riesigen Stück der Angst, der Zerrissenheit, der Versöhnung, eine ganz eigene Rolle spielt.

Deine Seele – diese Leere zwischen dir und dir, da, wo dein wahres Bewusstsein ist, das, welches liebt –, das ist dein innerer Künstler, dein Maler, dein Bildhauer, dein Clown, dein Tänzer, dein Musiker, dein Schauspieler. Das ist der Raum der Emotion.

4   Im französischen Originaltext befindet sich ein Wortspiel, das ähnliche Klänge, aber verschiedene Bedeutungen von »l'âme-mère … l'amère?« verwendet. Übersetzt heißt dies: »die Mutter-Seele … das Meer, das Bittere?« (Anm. d. Übers.)

Der Emotion, weil sie weder Mental noch Körper, weder Materie noch Geist ist und doch all das zugleich, sie überschreitet das Gesetz der Dualität, indem sie die Energie der Leere in dein Bewusstsein freisetzt, zwischen dir und dir, zwischen dir und den anderen Menschen, zwischen sich, der Seele und der Mutter-Seele. Die Emotion, Gedanke des Herzens, vereint, verbindet. Sie ist die Kraft, die dein Bewusstsein wachsen lässt, die dir das Mitgefühl für jenen geben wird, den du als Feind geglaubt hattest, den Feind »du selbst« oder den Feind »der andere«. Sie ist die Welle, die dich zur Liebe führt.

Ja, Künstler, du bist zunächst der innere Künstler, derjenige, der aus der Quelle seines Leidens schöpft, aus der Quelle seiner Freude, aus der Quelle seines Glaubens, und der sie mitteilt.

Ja, Künstler, du hast Angst und du gibst deine Angst, du hast Hunger und du gibst deinen Hunger, dir ist kalt in deiner Einsamkeit als Individuum, und du gibst deine Wärme, denn du weißt, dass die Kunst die Seele der Welt ist.

Lass durch deinen Schmerz denjenigen weinen, der aus seinem nicht weinen kann, denn du erleichterst sein Leid, du nährst sein Bewusstsein.

Gib deine Freude bis zu deiner Verausgabung für den, der seine nicht finden kann.

Führe jeden verwaisten Körper ins Innere seines Selbst, indem du den Übergang in deinem Inneren schaffst. Heile. Küsse. Lecke die Wunden der einsamen Bewusstheiten, indem du deine bluten lässt.

Künstler, wenn du es gewählt hast dein inneres Schöpfertum hervorzuholen, dann, weil du großzügig bist. Du bist der freigiebige Zeuge des Bruches, dieses Bruches des Bruches.

Du hast beschlossen das zu geben, was dir so schrecklich fehlt. Du leidest daran, nicht erhört zu werden, und oft wirst du zerstört, wenn man es tut. Geh auf deinem einsamen Weg und erwarte nichts – weder von ihnen noch von dir. Du hast kein Vertrauen in dich. Macht nichts, der Zweifel ist dein bester Gefährte, denn er hält die Hoffnung voll und lebendig.

Eigentlich bist du dazu verdammt, das, was du gibst, zu ignorieren und in deiner Einsamkeit zu bleiben, denn von da aus kannst du geben. Bleib in der Unwissenheit, verweile mit deinen schöpferischen Zweifeln. Sei einfach nur dieser Mensch, der jeden Tag auf den Scheiterhaufen steigt, um der schauenden, durch ihre absolute Unfähigkeit, das dich zerfressende Feuer zu spüren, auf sich selber zurückgeworfenen Menge, zu zeigen, was das Absolute ist. Und falls sie von der Illusion gefangen sind in deinen Schmerz eintreten zu können, lass sie in dem Glauben. Lass sie dich verzehren und verzehre dich selbst.

Bleib nah bei dir, doch hüte dich vor dir selbst. Wähle die Leidenschaft als Vertraute und mach aus dem totalen Anspruch deine wichtigste Liebhaberin. Lass dich von deiner Kunst einnehmen, sanft, ohne Widerstand. Leg deine Vernunft nieder. Lass das Leben wie eine Welle der Zärtlichkeit durch den Riss sickern und diese Zärtlichkeit dich Stück für Stück einnehmen bis du dich selbst vergessen hast.

Sei selbst die Nahrung, das Aufzunehmende. Lade sie ein zur Erfahrung des Inneren, unmittelbar, von Angesicht zu Angesicht mit der Seele. Lass den Künstler. Werde Kunst.

Das Bewusstsein Gottes entspringt aus der Unfähigkeit des Menschen, sich selbst zu objektivieren. Der Tod entspringt aus der Unfähigkeit des Menschen, sein Leben in seiner Integrität zu erfassen, dieser schönen Totalität aus Körper/Geist.

Sein Bewusstsein, wie das deine, ist das Bewusstsein einer Gegenwart, die, solange die Vorstellung der Zeit in der Quantität zwischen ›Vor der Geburt‹ und ›Nach dem Tod‹ eingeschlossen bleibt, nur eine fragmentarische Vision des Lebens besitzt.

Das Leben wäre dann diese Zeitdauer, die man glaubt mit dem Geist erfassen zu können, so wie die Hand das Wasser fasst, das sogleich wegfließt, doch deren Existenz man dadurch spüren kann, dass die Hand nass ist. Doch entsteht das Bewusstsein des Wassers durch sein Fehlen und seine Spuren, so wie das Bewusstsein des Lebens durch die Spuren des Todes entsteht.

Das Bewusstsein der Kunst entsteht durch die Spuren des Künstlers.

Hab' keine Angst vor dem inneren Abgrund.

Tritt ein, überquere die Bühne und geh.

Lass die Leere ihre Arbeit tun.

Das Geschrei, das Klatschen hat noch nicht aufgehört, und du bist schon anderswo, in einem anderen Taumel, immer anderswo, bis zur Übelkeit, die befreiend wirkt.

Hör nicht auf das Klatschen der Zuschauer, die dich nochmals herausrufen. Was getan ist, wird nie wieder getan.

Entkomme ihnen, wie du zwischen deinen eigenen Händen entgleitest, um der Neue zu sein, der Frühling der Welt.

Bereue nichts, und wenn du dich am Ende deines Lebens umschaust und die Spuren deines Weges siehst, wisch sie weg, für dich selbst.

Du bist nicht der Autor, aber du bist der Schauspieler der Schöpfung der Schöpfung.

Solange die Kunst existiert, behält die aufgewühlte und gequälte Menschheit ihre Hoffnung intakt.

Gesellschaft, Religion, Freiheit
Einführung in den »schöpferischen Konflikt«

»Einschränkende Strukturen sind für das Individuum nur dann akzeptabel, wenn sie mehr Energie hervorbringen als sie verzehren.«

Ich habe mich mit den verschiedenen Interpretationen von Hegels Schriften befasst: die von Marx mit ihren Auswirkungen auf ein ganzes Denk- und Handlungssystem und andererseits das zynische »Arbeit macht frei« von Auschwitz.

Noch heute wirft man Hegel vor, die christliche Religion verherrlicht zu haben, aber eigentlich hat er das Denken weiterentwickelt, indem er die Dialektik direkt im Bewusstsein selbst ansiedelte. Das ist ja gerade die Voraussetzung für das, was unsere Zeitgenossen als »Freiheit des Denkens« bezeichnen. Er hatte das Problem des Glaubens fast gelöst, und ich finde es unberechtigt, ihn anzuklagen, er wäre von seinem eigenen wieder eingeholt worden. Ich glaube, dass er sich ganz nah am »schöpferischen Konflikt« befand und dass ihm lediglich der Körper als Stütze fehlte, um den Zugang zu den Bildern des kollektiven Bewusstseins und des kollektiven Unbewussten zu finden. Das bedeutet, dass seine philosophiegeschichtlichen Arbeiten zeigen, dass er ein Vorwissen dieser Bilder hatte und damit auch das löste, was andere durch den Glauben zu lösen meinen. Die unvergleichliche Dynamik seines Denkens rührt daher, dass er sich grundsätzlich im Konflikt selbst aufhält.

Eine Frage der Interpretation, sicher, aber was den schöpferischen Konflikt von Ō-Sensei Ueshiba[5] betrifft, sei hier Folgendes klargestellt: Dieses Bild geht nicht davon aus,

---

5 Ueshiba Morihei (1881-1969), Begründer des modernen Aikidō (seit etwa 1931). Zur Geschichte vgl. John Stevens, »*Unendlicher Friede*«. *Die Biografie des Aikido-Gründers Morihei Ueshiba*, Heidelberg (Kristkeitz) [2]2002.

dass das unter anderem aus einer feudalkriegerischen Tradition hervorgegangene Aikidō die Gewalt des destruktiven Konflikts (den das Bewusstsein nicht integrieren konnte) billigt bzw. gutheißt. So meint es dennoch, dass der Konflikt dort schöpferisch ist, wo er für unser Bewusstsein Auslöser und Enthüller seiner kommenden Entwicklung ist. Der Konflikt, ob in persönlichem, sozialem, menschlichem oder universellem Sinn verstanden, weist uns, so wie der Schmerz, auf eine Stagnation der Energie oder auf deren Missbrauch hin.

Diese Energie zu dynamisieren, sie zu ihrer wahren Berufung hinzuführen, ist das sicherste Mittel, den Konflikt zu lösen, und Sinn jeder Schöpfung. So sind alle Körper-, Geistes- oder Menschheitsleiden Anzeichen eines in ihnen vorhandenen Energiestaus.

Dieser Stau entsteht aus der Angst vor der Enthüllung des Konflikts und wird paradoxerweise, wenn er eine bestimmte Dichte erreicht, zum Indiz der durchzumachenden Entwicklung. Genauso zeigt uns das Leiden unsere nächstmögliche Bewusstseinserweiterung, wohl wissend, dass im universellen Referenzrahmen »möglich« nötig und unerbittlich bedeutet. Wenn bestimmte Leute meinen, den Konflikt anders als durch dessen Integration aus unserer Welt schaffen zu können, dann sollen sie das schleunigst tun. Den Konflikt zu leugnen, zu hemmen und zu verdrängen sind die sichersten Mittel, destruktive Gewalt daraus zu entwickeln.

So treibt unsere menschliche Gesellschaft ihre notwendige Entwicklung durch das kollektive Bewusstsein zugleich an und wehrt sie ab, wie jedes Bewusstsein. Da sie nichts über ihre Zukunft weiß und mit keiner anderen Handlungsmöglichkeit ausgestattet ist als mit der des Vertrauens in ihre herkömmliche Form, erscheint ihr diese Entwicklung wie ihr eigener Tod. Dieser Widerstand hat eine noch größere Verdichtung des Energiestaus zur Folge. Die vom Menschen unternommene Aneignung der Materie legt davon Zeugnis ab: für manche wird die materielle Last zeitweise so schwer, dass sie den spirituellen Bestrebungen wieder neuen Wert geben. Wir hätten nochmal zur Materie zurückkehren müssen, damit die spirituelle Gemeinschaft zu einer individuellen Spiritualität werden kann. Während wir auf diese spirituelle Erhebung warten, kann man mannigfaltige kollektive sowie individuelle Verhaltensweisen beobachten, die dermaßen bestürzend sind, sodass man sich fragt, ob nicht das Hauptmerkmal einer menschlichen Gemeinschaft ihre Dummheit und Unreife ist.

Einige Beispiele werden Ihnen vielleicht mehr zu diesem Thema sagen.

Kollektiv und Individualität

Eigentlich sollte es einfach zu verstehen sein: je mehr Menschen in diese Welt geboren werden, desto mehr müssen auch sterben. Trotzdem wohnen wir in den so genannten »entwickelten Ländern« einem verbissenen Kampf gegen den Tod bei, während in anderen Teilen dieses Planeten der Tod mit einer erschreckenden Leichtigkeit in mittelalterlichen Konflikten ausgeteilt wird. Alle wissen, dass die Überbevölkerung zur Geißel wird, wenn man Güter und Denken in keinen stimmigen Kreislauf bringt.

Aber heutzutage schränkt man die Geburten ein und bekämpft das Leben aus krankhafter Angst vor dem »Teilen-Müssen« und dem Tod. Das Leid ist wahrscheinlich das, was momentan am meisten wächst und was man auf dieser Welt am besten teilt ...

Man will die kollektiven Probleme lösen, indem man von einem individuellen Referenzrahmen ausgeht. Natürlich erstrebt niemand von uns, selbst zu sterben. Aber ist das eine Rechtfertigung dafür, dass die Menschheit Mittel, Geld und einen immer größer werdenden Energieaufwand zahlen muss, um das Sterben eines Menschen in unserer als »entwickelt« bezeichneten Gesellschaft zu verlängern, wenn ein Tausendstel davon genügen würde, um dadurch zehn Menschen anderswo am Leben zu erhalten?

Die medizinische Forschung hat solche Fortschritte gemacht, dass die Krankheit, die einstmals genügte, um einen individuellen Konflikt auszudrücken, jetzt systematisch abgewehrt wird und der Körper auf immer ausgeklügeltere Mittel zurückgreifen muss, um sich mitteilen zu können.

Das Problem ist nicht, an Tuberkulose oder AIDS, Fieber oder Krebs zu sterben; das Problem liegt darin, in Einklang, im Gleichgewicht mit dem Körper und der Seele zu sein, um weder

14

am einen noch am anderen zu leiden. Eine Krankheit abzuwehren und sie zu unterdrücken bedeutet, eine noch gefährlichere zu erzeugen.

Heutzutage haben die Medien, die Werbung und die Mode aus dem Anderen ein Image gemacht, ein Objekt, das man sich zu Eigen machen kann. Ich meine – und fürchte die eifrigen Verteidiger des Fortschritts nicht – dass AIDS zum Beispiel in unserer Welt aufgetreten ist, um den noch verbleibenden menschlichen Teil im Anderen zu retten. Der Tod muss sich im Alltäglichen kundtun und den Anderen in den Rang der Bedrohung versetzen, damit jeder seine eigenen Grenzen spürt. Alle Menschen sind spirituelle Wesen. All die Fürstreiter der noblen Hilfsaktionen sollten einmal über die Tatsache nachsinnen, dass ihre Kämpfe die Kämpfe gegen sich selbst sind und gegen die, denen sie zu helfen vorgeben. Dem anderen zu helfen setzt voraus, ihn in seiner Unterschiedlichkeit anzuerkennen und nicht aus ihm ein anderes Selbst zu machen als Projektionsfläche der eigenen Ängste gegenüber dem Leben und dem Tod, als Feld, auf das man sein schlechtes Gewissen überträgt. Helfen beinhaltet also, nicht zu helfen.

Betreuen oder zerstören sind heute dasselbe. Ein uns nahe liegendes Beispiel sind die Krankenkassen, kollektive wasseraufsaugende Schiffe, die man mit neuen Steuerschlägen zusammenschustert, während es angebracht wäre, erst einmal zu begreifen, dass die Ausgaben für die so genannten »Krankheiten« absolut exzessiv sind und ohne angemessene Relation zu den Ausgaben für die so genannte »Gesundheit«. Die Gesundheit ist nicht mehr diese gute, natürliche Gesundheit, die alle besitzen, sondern ein Kampf gegen die Krankheit. Das soziale Bemuttern ist das Schlimmste in unserer Gesellschaft. Es sichert die Abhängigkeit des Individuums von der Gruppe und verstärkt beständig die Macht der Gruppen über das Individuum. Bald werden alle vergessen haben, dass die Gesundheit in einem freien Menschen reift, denn die Freiheit selbst wird dann dem Tod gleichkommen, eine unerträgliche Unsicherheit für das Bewusstsein.

Die Regierungen mit ihren verschiedenen Ideologien lösen einander ab, doch diese Unterschiede drehen sich immer um einen Punkt: Wie kann man Macht ausüben? Wie kann man die meiste Energie, die meisten Güter und das meiste Geld zur Macht vereinen? Daraus entstehen politische Skandale und Skandale in den Bereichen des Massensports, einer anderen gesellschaftlichen Droge, die dazu bestimmt ist, das Bewusstsein des Individuums zu Gunsten einer Gemeinschaft auszuschalten, die nichts ist, denn geistig gesehen ist sie heutzutage nichts.

Das Leid ist, auch wenn es von einer großen Anzahl von Menschen geteilt wird, eine höchst individuelle Empfindung. Es verweist uns auf den Wert der Individualität, den Sitz der Seele.

Ihr Herren, ihr wollt regieren, aber vergesst nicht, dass regieren »dienen« heißt und nicht Zwang ausüben und sich bedienen. Jeden Tag erhöht sich die Anzahl der Zwänge und verringert sich die Freiheit, und dies im Namen der Freiheit und der Gleichheit. Aber die Gesellschaft des 14. Jahrhunderts mit ihren sozialen Ungerechtigkeiten war eine gleichberechtigtere Gesellschaft, als unsere es ist.

Damals waren Hungersnöte, Kriege und Epidemien kein charakteristisches Kennzeichen Afrikas, Südostasiens und Südamerikas. Man verwechselt Freiheit und Sicherheit, man verwechselt Gleichheit und Einebnung, man verschließt die Augen vor dem Leid der Dritten Welt und umgibt sich mit dem Anschein des barmherzigen Samariters. Unsere schöne französische Revolution wurde einer Abtreibung unterzogen. Der Dritte Stand ist zur Dritten Welt geworden, die Geistlichkeit heißt jetzt »Fußball« und »Showbusiness«, der Adel heißt »Recht auf Geld«. Die Demokratie ist das Recht auf Unterdrückung der Minderheiten, die Gerechtigkeit des Königs ist heute die der Konzerne, Machtausübung bedeutet das Recht auf Gewalt. Man hemmt und hemmt.

Ja, das Leben kostet viel und der Tod noch mehr. Wird der Mensch bald seinen Eigenwert nach der Menge der Materie und der Menschen messen, die er zerstört, um sich am Leben zu erhalten?

Ich behaupte, dass heutzutage jede Regierung schädigend ist, sobald sie eine Ideologie fördert und verbreitet wie eine Religion einen Glauben. Alles, was danach strebt die Macht an ein Kollektiv zu binden, ist antispirituell und schädlich für den Einzelnen und deswegen für das Kollektiv selbst.

Von der spirituellen Krise

Wir durchlaufen eine spirituelle Krise, die von einer ökonomischen Krise verdeckt wird. Eine individuelle Bewusstwerdung ist notwendig, sonst kehren wir zu anderen Formen von Auschwitz zurück, unter der Führung anderer Henker, die auch zu Opfern des kollektiven Unbewussten werden, so wie wir. Es gibt eine Verbindung, die jegliche Unterscheidung überwindet: das Denken, denn es ist selbst das beste Beispiel für den Ausdruck der Unterscheidung.

Das Denken kann frei sein, wenn es einem freien Körper entspringt. Ich werde später erklären, was ich unter einem »freien Körper« verstehe. Das Denken ist das einzige Phänomen, das nicht von der Unstetigkeit zwischen der Materie und der Leere betroffen ist. Es ist die natürliche Verbindung zwischen dem Geist des Universums und dem Körper, dem Geist des Individuums. Wir dürfen es heutzutage nicht mehr zulassen, dass das Denken in Grenzen, Parteien oder Glaubensbekenntnissen eingezwängt wird. Die einzig tragbare Form der Entäußerung des Denkens ist die Kunst, wenn es sich wirklich um Kunst handelt, also die spirituelle Stimme und der gemeinsame Weg eines Volkes.

Dieses Buch möchte eine Anregung geben zur körperlichen und intellektuellen Praxis der Individualität, als Übung zum Recht des Daseins.

Das Aikidō, mein WEG, nutzt den Konflikt als eine Möglichkeit der Gestaltung. Aber dadurch entgeht es dem Konflikt übrigens auch nicht. Ich möchte mich also diesem Thema im folgenden Kapitel widmen und außerdem die Gründe aufzeigen, die mich dazu brachten, neben dem vorliegenden Buch ein rein philosophisches Werk mit dem Thema *Der philosophierende Körper* zu verfassen.[6] Was das vorliegende Buch angeht, so ist es ein Ausdruck der persönlichen Meinung und des persönlichen Engagements.

---

6 Bislang nur in französischer Sprache.

*Vom Nutzen, die philosophische Rede mit der körperlichen Praxis
zu verbinden*

Wir Aikidō- und andere Kampfkunstlehrer haben die Tendenz, unser Wissen als eine selbstverständliche und implizite Wahrheit zu vermitteln und berufen uns darauf, dass unsere Kenntnisse aus dem Körper stammen und sich unsere Behauptungen bestätigen lassen: »Wer Recht hat, gewinnt.« Es ist sicher, dass die folgende Darlegung, für die ich unberechtigterweise das Wort »philosophisch« verwende, nicht einem Bücher- oder Universitätswissen entstammt. Es handelt sich um mein Gedankengut, wenn ich nach 30 Jahren Praxis mein Bewusstsein prüfe.

Warum ich dies an eventuelle Leser übergebe?

Die Lehre, die wir durch die Kampfkünste vermitteln, geht über den Rahmen einer körperlichen Übung weit hinaus. Eine aus der asiatischen Kriegsgeschichte ererbte Lehre darzulegen, ohne den Weg der persönlichen Überlegung und inneren Suche anzuregen, ist meiner Ansicht nach ein Machtmissbrauch, den die Position des Kampfkunstlehrers gewährt. »Ich habe das Recht des Stärkeren, also gib du, Schüler, deinen eigenen Willen auf, um anzunehmen, was ich sage.« Das allzu bekannte »Sei still und übe« hat viel öfter die Funktion große Ignoranz zu verbergen als große Weisheit. Und trotzdem glaube ich, dass man um die Praxis nicht herumkommt. Ich bezeuge, dass eine körperliche Übung außerhalb einer wie auch immer gearteten Abhängigkeit von einer Lehre es ermöglicht, eine persönliche Denkweise zu schmieden, und ich komme zu dieser Überzeugung, nachdem ich wirklich gezweifelt habe. Ich fordere Sie keineswegs auf, mir zu glauben, sondern sich mit meinen Aussagen auseinanderzusetzen.

Ich bin es gewohnt zu unterrichten, indem ich den Schülern Fragen anbiete und keine Antworten. Als wir das Stück »Altaïre« mit Schülern, Schauspielern, Musikern und Tänzern schufen, war es dementsprechend unsere Absicht, Situationen zu gestalten, die es ermöglichen Emotionen zu wecken, die jeder Zuschauer für sich selbst und seine eigene Geschichte nutzen kann. Bei der Befragung des Publikums haben wir festgestellt, dass alle ein konkretes Szenario gesehen haben, aber dass dieses für jeden verschieden war. Genauso verstehe ich das Unterrichten: Fragen hervorrufen und jeden zu sich selbst führen, anstatt Gedanken und Ideen propagieren (selbst wenn ich sie als richtig empfinde).

Im Übrigen halte ich eine Lehre, die sich nicht selbst definieren kann, für verdächtig, und werde an gewisse Konditionierungen erinnert, deren Absicht nur die Machtausübung ist. Es stimmt, dass ich gern der feudalistischen Form der asiatischen Kampfkünste den Prozess machen würde, aber dann dürfte ich auch die Art und Weise nicht verschonen, mit der unsere Gesellschaft sich des Massensports, der Mode und der Medien bedient, um ihre Macht über die Individuen aufrechtzuerhalten, um mit ihren Ideen oder Mängeln geradezu hausieren zu gehen.

Am Ende eines Vortrags über den *Geist der Kampfkünste*« den ich kürzlich hielt, stimmte ein hoher japanischer Beamter einigen meiner Argumente zu: ich hatte seiner Meinung nach den kreativen Aspekt des Konflikts gut analysiert, aber »die Sache«, »die wirkliche Sache« sei dem menschlichen Erkenntnisvermögen nicht zugänglich; und man solle es dabei belassen und akzeptieren, nicht zu wissen. Ja, natürlich muss man akzeptieren, nicht zu wissen, wenn dies der Fall ist. Umso mehr, weil man im Allgemeinen nicht weiß, dass man nicht weiß. Aber wenn man sich seiner Unwissenheit bewusst ist, dann sollte das sofort den Drang zur Suche nach dem wecken, was als nicht gewusst empfunden wurde.

Jegliche Resignation innerhalb unseres individuellen Denkens lehne ich ab, auf Grund ihrer bedauerlichen Auswirkungen und ihrer dermaßen traurigen Geschichte – aber auch deshalb, weil durch sie die trügerische Idee vermittelt wird, dass es für den Menschen die Möglichkeit gäbe, ein Objekt ausschließlich durch den Körper wahrzunehmen, ohne dass der Körper diese Wahrnehmung an das Bewusstsein des Geistes weiterleitet. Damit ginge man davon aus, dass es eine unüberwindbare Schranke zwischen dem Bewusstsein des Geistes und dem Bewusstsein des Körpers gäbe und ließe dem Menschen keinerlei Hoffnung auf eine Weiterentwicklung.

Ich füge hinzu, dass, wenn das Unsagbare und Ungesagte einen unbestrittenen Wert in der Lehre haben, sie diesen umso mehr besitzen, als man sie durch Analyse, Reflexion, Meditation, Körperpraktiken und noch ganz andere Wege wie die der Kunstbetrachtung und der Beobachtung menschlicher Beziehungen bis in ihre letzten Winkel ausgelotet hat.

Ich lehne jegliche Neigung zur Mystifizierung der Erkenntnis ab, denn sie stellt das Bewusstsein des Menschen von vornherein in die Dualität zwischen einem zum Gedeihen dieses Bewusstseins notwendigen Wissen und dem nicht-ontologischen Verbot, nach diesem Wissen zu suchen.

Reflexion und Handlung

Zu diesem Thema möchte ich übrigens noch eine Bemerkung machen, um denjenigen zu widersprechen, die die Philosophie und den Intellekt gering schätzen, sowie mit denen, die die Körperdisziplinen auf die Ebene des Sports herabsetzen. Ich verstehe nicht, wie das Gegenüberstellen von gedanklicher Betrachtung und praktischer Ausführung irgendeine Lösung für die Probleme des Menschen bringen soll. Wir leben in einer Zeit, in der man alles durch sein Gegenteil ersetzen möchte – eine Art, nichts zu ändern. Es handelt sich doch vielmehr darum, einfach die beiden Pole, die man zu trennen versucht, zu vereinen und durch eine tief gehende Untersuchung der Begriffe anhand einer mentalen sowie körperlichen Analyse die Grenzen unserer Kenntnisse zu erweitern. Dadurch können wir eben jene Leere des Geistes erfassen, die weder das Resultat einer physischen Faulheit noch einer gedanklichen Trägheit ist.

Der unauflösbare Teil, der sich dann in uns auftut, ist der Sitz des Herzens, dort denkt die Seele, ein Ort, dessen Bestimmung darin liegt, die Quelle der Nächstenliebe beziehungsweise der Schmelztiegel spiritueller Harmonie zu sein.

Das Bewusstsein entsteht an den äußersten Grenzen dieser zwei »Unbekannten«: der einen ist die menschliche Liebe zu Eigen und sie ist aus der Unterschiedlichkeit und dem Anderssein gemacht, und der anderen ist die göttliche Liebe zu Eigen, die sich nur dadurch erhält und entwickelt, indem sie dem begrifflichen Denken unzugänglich bleibt. Diese Leere selbst ist für das Bewusstsein die Quelle seiner spirituellen Kraft. Was seine materielle Kraft betrifft, so wird sie ihm von der ganzen Energie gegeben, die in die Suche investiert wurde. Da der Körper ein ihm eigenes Gedächtnis hat, strukturieren die ihm immanent gewidmeten Anstrengungen das Bewusstsein des Individuums. Somit können wir Zugang zum universellen Wesen erhalten und die Pole der Dualität wieder integrieren, ohne unbedingt nochmal durch den Tod gehen zu müssen. Solange diese Funktion nicht durch das lebendige Bewusstsein erfüllt wird, ist der Tod tatsächlich das einzige Mittel, um dorthin zu gelangen.

Ich werde diese Zwischenbemerkung nicht beenden, ohne darauf hinzuweisen, dass diese zwei Formen der Suche, die man im Allgemeinen als gegensätzlich sieht, insofern untrennbar sind, als sie das Mittel darstellen, durch das wir mit jeglichem Glauben Schluss machen können, da die eine die andere ständig objektiviert.

Ich sehe in diesem Wahnwitz der gegenseitigen Ablehnung, die ich häufig bei Lehrern diverser spiritueller Wege beobachte (je nachdem, ob sie mehr philosophisch oder körperlich ausgerichtet sind) nur Folgendes: die Verweigerung des Bewusstseins impliziert, dass ihre Suche nicht authentisch ist.

Ich bitte Sie nochmals, nicht zu *glauben*, was ich schreibe. Greifen Sie meine Aussagen mithilfe Ihres Bewusstseins an und bilden Sie Ihre eigenen Gedanken über »die Sache«, so wie der Aikidōschüler (*uke*[7]) sich auf seinen Lehrer stürzt, um sich zu stärken und selbst in seinem ganzen Wesen die Bewegungsform des Aiki[8] zu erproben und zu empfinden.

Der schöpferische Konflikt

Ō-Sensei Ueshiba, Gründer des Aikidō, sagte: »Der Konflikt ist schöpferisch.« Viele Aikidōlehrer wissen das nicht, was sehr bedauerlich ist, denn sie kennen dadurch nicht die Quelle dessen, was sie zu vermitteln glauben. Andere wiederum stützen sich auf diese Aussage, ohne davon das Geringste

---

7 Siehe Glossar im Anhang.
8 Bewegungsform des *Aiki*: *Ai* bedeutet Harmonie, *Ki* Energie. Harmonisierte Bewegung (siehe Kap. 12 und 4).

verstanden zu haben. Das Aikidō, die so genannte »gewaltlose Kampfkunst«, ist von seinen Lehrern verhunzt und befleckt worden, und die Härte der unfruchtbaren Konflikte, die zwischen den diversen Schülern existieren, um zu definieren, wer der spirituelle Sohn des Gründers oder der technische Leiter ist, zeigen nur allzu deutlich den Bewusstseinsmangel und die Unreife vieler unter uns, so weit gehend, dass man sich manchmal mit Recht fragen muss, ob der Konflikt wirklich schöpferisch ist ... Wünschen wir, er sei es!

Es ist ziemlich einfach, den Konflikt als schöpferisch hinzustellen, ohne dies zu erläutern, wenn man sich vor einer wohl meinenden Gruppe von Schülern befindet oder vor jungen Philosophen, die über die verschiedenen Aspekte der hegelschen Dialektik diskutieren, aber es ist überhaupt nicht einfach, wenn man sich auf den Ruinen von Sarajevo befindet. Diese Aussage zu machen, wenn man nach einem Taifun durch die Straßen von Kalkutta irrt, ist sicherlich ein Mittel, um sich vor der Hoffnungslosigkeit zu schützen.

Gewisse Beobachter könnten die Entstehung des Aikidō, der gewaltlosen Kampfkunst, sehr gut mit der ersten Niederlage Japans in Zusammenhang bringen. Hat Ueshiba, ein Verfechter der traditionellen Werte Japans (nehmen wir das Tragen des *hakama*, der Hose des kriegerischen Adels, als Zeichen dafür), nach Hiroshima nicht einen letzten Versuch gestartet, um die Niederlage abzustreiten?

Einerseits sagt man uns, dass die Idee des Friedens im Aikidō vor allem von Deguchi Wanisaburō stammt, dem großen Priester des Ōmotokyō (einer religiösen und friedlichen Bewegung, der Ueshiba angehörte), also weit vor dem Zweiten Weltkrieg. Auf Anregung Meister Deguchis habe Ueshiba seine Kriegskunst in eine Kunst des Friedens verwandelt und die Übereinstimmung mit der Gewaltlosigkeit des Ōmotokyō gefunden. Andererseits wissen wir, dass Meister Deguchi vor dem Zweiten Weltkrieg keinerlei solcher friedfertigen Gedanken hegte und sogar einer Bewegung der extremen Rechten angehörte, die der Rückkehr des feudalistischen Japan zugeneigt war.

Die historischen Bedingungen der Zeit direkt noch dem Zweiten Weltkrieg, in der das Aikidō seinen ersten großen

Aufschwung nahm, sind nicht zu unterschätzen. Es ist hier weder meine Absicht, respektlos über unseren Gründer zu reden, noch die Wahrheit über das Ōmotokyō herauszustellen, sondern die echten Hintergründe der Entstehung des Aikidō zu erkennen und das Genie von Ō-Sensei Ueshiba zu erfassen: er hat es verstanden uns zu zeigen, dass die Harmonie vor allem die der Geschichte und des Denkens ist.

Er hat die Einheit hergestellt zwischen der wundervollen Fähigkeit, die er aus seiner Vergangenheit als *budōka*[9] besaß und seinem religiösen und friedvollen Bestreben. Er hat sowohl den religiösen als auch den kriegerischen Aspekt transzendiert, um den Menschen das Ergebnis dieses inneren Konflikts zu übermitteln: die universelle Liebe. Das ist, glaube ich, ein schönes Beispiel eines schöpferischen Konfliktes.

Einem Schüler, der gerade kräftig zu Boden geworfen wurde und der sich mühsam von seinem Fall erhebt – mit dem Gefühl der Wut, wie es entsteht, wenn uns etwas ungerecht erscheint – werden diese wenigen Zeilen sicherlich nicht ermöglichen, den Sinn des schöpferischen Konflikts zu begreifen.

Er läuft eher Gefahr, diese Idee als ein Mittel zu sehen, um anhand einer grob vereinfachenden Lehre einen Akt der gewaltsamen Beherrschung zu rationalisieren.

Der Mensch von heute hat wenig vom kriegerischen Geist, sondern ist eher für die Unterwerfung empfänglich. Er ist darauf besonders durch seine ersten Lebensmonate außerhalb des Mutterleibes vorbereitet, welche, man muss es wirklich sagen, eine Erfahrung der totalen Abhängigkeit darstellen. Abhängig sein oder sterben, das ist die Lehre für das Neugeborene, die unsere Gesellschaft zu ihren Gunsten übernommen hat, und zwar in Beziehung auf uns, die Erwachsenen (die wir zumindest sein sollten).

»Ich weiß, was gut für dich ist, und du weißt es nicht. Die Akzeptanz meines Gesetzes ist die einzige Tugend, die dich in den Himmel bringt, zum Glück, zur mütterlichen Liebe.« Dieses »Ich« kann ein Elternteil, eine Gruppe, eine Verwaltung, eine Regierung – oder ein Aikidōlehrer sein.

---

9   *Budōka*: jemand, der eine Kampfkunst ausübt (siehe Kap. 3)

Vom Mittelalter bis zur modernen Zeit sind die Methoden der Knechtschaft und Hörigkeit die gleichen, genauso wie ihre angestrebten Wirkungen. Von dieser Lehre der erzwungenen Liebe profitieren viele Sekten, und viele menschliche Beziehungen gründen sich auf diesen Kernpunkt. Sie ist das religiöse und soziale Modell und der Grund vielfältigen menschlichen Leids, da sie die Wurzel mannigfaltiger falscher persönlicher, sozialer und rassistischer Konflikte ist.

Individuelle Freiheit

Ich hoffe mit dieser Arbeit alle Leser zur Praxis anzuspornen und mehr noch: diejenigen, die mit dem »Werkzeug Aikidō« für den Frieden und das Erwachen arbeiten, dazu einzuladen, sich von einer Untersuchung des schöpferischen Konflikts durchdringen zu lassen, um endlich für niemanden mehr auf dieser Welt dieses »Ich« zu sein, das an Stelle der anderen weiß, sondern ein wahres »Ich«, das diejenigen Fragen stellt, die das kollektive Unbewusste verschweigen will und welche die Gesellschaft zum Schweigen bringen will. Die Aussage »der wahre Sieg ist der ohne Verlierer«, so wie Ō-Sensei Ueshiba es uns gelehrt hat, bedarf einer Erklärung. Und man muss sie für diejenigen lebendig machen, die uns umgeben.

Individuelle Freiheit ist das Wertvollste, was es auf dieser Welt gibt. Ich sage »individuelle Freiheit«, denn es ist das Einzelwesen, das leidet, und Leid ist immer ein Mangel an Freiheit. Es gibt keine kollektive Freiheit. Der Geist ist im Individuum. Sein erstes und legitimes Recht ist also die Freiheit des Denkens und des Wortes. Sein Sieg besteht darin, diese zum Ausdruck bringen zu können. Das Leid ist immer das eines Einzelnen. Es beruht darauf, wie »man« sich des anderen bedient, um zu existieren. Werfen Sie dieses »man« auf Ihr eigenes Leben zurück und denken Sie nach.

Wenn Sie eine Lehre weitergeben oder erhalten, die entfremdet, so lehnen Sie sie ab! Wenn Sie spüren, dass Ihr Leben Sie entfremdet, so ändern Sie es. Einschränkende Strukturen sind für das Individuum nur dann akzeptabel, wenn sie mehr Energie hervorbringen als sie verzehren.

Im Aikidō sind Disziplin, Ritual und Etikette Hilfsmittel, um das Bewusstsein des Ausübenden zu strukturieren. Es sind geliehene Bewusstheiten – so wie man das individuelle Bewusstsein des Meisters ausleihen kann. Wichtig ist, nicht in diesem Stadium zu verharren. Allerdings gibt es Möglichkeiten, diese Zielsetzung umzudrehen, indem man fromm, glückselig oder mystisch wird (oder alle drei gleichzeitig). Das Aikidō kann zum Glauben werden, wenn man nicht aufpasst, und sein Gedankengebäude kann zu einer Ideologie werden, wenn es nicht ausprobiert und erfahren wird. Deshalb kann Unterrichten nicht Helfen sein, sondern Prüfen, Erproben, Aufgaben und Hindernisse stellen.

Sich selbst erproben, in seinem Leben, mit allem was man hat, mithilfe des Körpers, das ist der Königsweg, um sich von Ideologien zu befreien. Wenn ich weiter oben geschrieben habe, dass alle Regierungen und Religionen schädlich sind, weil sie ideologisch und dogmatisch sind, dann heißt das nämlich, dass das Regieren nicht länger von einer kollektiven Idee abhängen darf, dessen Hauptmerkmal auf dem Gebiet des individuellen Lebens Leblosigkeit und Veralterung ist. Trotzdem die Religionen sich als einzige Möglichkeit bezeichnen, die Verbindung zwischen dem Spirituellen und Materiellen herzustellen, sind sie (auch wenn sie es manchmal ermöglichen) nicht selbst dieses Bindeglied und verneinen die Spiritualität, deren Essenz das Individuum ist.

Die Autonomie des Denkens ist eine Notwendigkeit in sich. Die körperliche Ausübung des Aikidō oder anderer Wege führt uns häufig dazu, die Freiheit, die für uns selbst möglich ist, zu erahnen. Ich wohne in dieser Beziehung öfters einem traurigen Schauspiel bei: Glaube wird durch Bindung ersetzt. Es ist denkbar, dass das Bewusstsein eines Menschen, wenn er im neuen Raum ein ihm unbekanntes Bewusstsein wahrnimmt, eifrig bemüht ist, sich durch Einbeziehung eines externen Objektes einzuschränken, um dadurch in einer Abhängigkeit zu bleiben. Man erklärt diesen Drang nach Abhängigkeit oft mit der Angst vor Einsamkeit. Aber man hat Angst vor dem, was man ausprobiert und empfunden hat. Um die Wahrheit zu sagen: die Einsamkeit ist das tägliche Los des unfreien Menschen. »Der Andere als Objekt« schließt uns in die schrecklichste Einsamkeit ein, denn sie ist unbewusst, also nicht objektivierbar.

Aber ich versichere denen, die auf dem WEG sind: es gibt keine Einsamkeit der Individualität. Es gibt nur die Einsamkeit des nicht-differenzierten Bewusstseins. Wenn alles Ich ist, dann existiert nichts außerhalb von mir. Ich bin sehr allein auf dieser Welt. Das Erkennen des Unterschiedes holt uns aus der Einsamkeit heraus.

Diese verschiedenen Ängste werden von den Händlern der modernen Spiritualität ausgenutzt. Die kollektive Krise ist spiritueller Natur, aber ihr Hauptmerkmal ist, wie bei allen Bewusstheiten, anhand einer noch dichteren Bewusstheit in Erscheinung zu treten. Somit löst die spirituelle Krise eine affektive Krise aus.

Da die Medien sich in die Kluft stürzen, die das Individuum zwischen seinem Bewusstsein und seiner materiellen Existenz offen lässt, flößt das kollektive Bewusstsein dem Individuum ein kollektives Denken ein, das unvereinbar mit einer Entfaltung ist. Zum Beispiel: die Wahrheit ist, was der größten Anzahl zu Eigen ist. Normal ist, was allgemein anerkannt ist. Unter anderem füttert die Manie der Umfragen die individuelle Meinung mit einem Wissen, das das Denken des Einzelnen derart beeinflusst, dass nichts mehr für ihn selbst Wahrheit ist, es sein denn, es ist eben die Wahrheit der Gesellschaft, der er angehört.

Die Ideologie ist eine vorherrschende Unverantwortlichkeit, die Lehre ist eine falsche geistige Bindung, die Moden in Kleidung und Umgangsformen sind nicht mehr Ausdruck der Kulturen oder Traditionen, sondern die Einmischung des kollektiven Bewusstseins in das Bewusstsein des Individuums. Die Blüte der religiösen Sekten ist ein Zeichen, das einigen Sorgen macht. Es gibt ein einfaches Mittel, sich davon zu befreien, nämlich sich von der Religiosität zu befreien. Die allgemein anerkannten Religionen sind schließlich nur Formen von Sekten, die es »geschafft« haben.

Die Gesellschaft hasst die Sekte, weil sie die Merkmale verschärft, die das heutige kollektive Bewusstsein ausmachen:

Intoleranz, Gewalt, Schuldgefühl, Vorurteile usw. Man hasst vor allem, was dem, was man in sein Unbewusstes verdrängen will, zu sehr ähnelt. Das kollektive Bewusstsein ist noch in einem embryonalen Entwicklungsstadium und geht nicht über das eines Neugeborenen hinaus.

Sekte und Gesellschaft

Diese Gesellschaft geht mit dem Individuum so um wie die Sekte. Die Methoden sind identisch.

• Zuerst *verunsichern*: die Obsession sich rundum absichern zu müssen (die Verkehrssicherheit oder die Krankenversicherung) verdeckt die affektive und spirituelle Krise. Ein Individuum, das nicht in Gefahr gebracht werden kann, wird unaufhörlich geschwächt. Der Einzelne wird dahin gebracht zu denken, dass er ohne die Gesellschaft und sein System nicht leben kann.

• *Abhängig machen*: Unsicherheit gibt es überall, die Sicherheit, das sind »wir« (setzen Sie ein, wen Sie wollen ...). »Wir« kümmern uns um Ihre Krankheiten, Wohnungsprobleme, affektiven, familiären, sexuellen Schwierigkeiten, alles. Die Gesellschaft hat, wie die Sekte, alle Antworten auf alle Probleme.

• *Energie direkt an ihrem Ursprung abschöpfen* (in Form von Geld): Genau wie die Sekte verfährt auch die Gesellschaft, indem sie immer höhere Steuern erhebt, und zwar unter einem ideologischen Vorwand (Gleichheit) oder einem spirituellen (»Armut, Mutter der geistigen Erfüllung«, selbst wenn die Gurus und auch die Regierungen reich sind ...). Dieses Abschöpfen direkt an der Quelle ist die Kastration schlechthin.

• *Das Denken bestimmen, indem man die Sprache kontrolliert*: die vorbestimmte Sprache des Sektenanhängers (durch das unaufhörliche Wiederholen der Worte des Gurus) und die des Gesellschaftsmitgliedes stehen einander in nichts nach. Die Medien sind für die soziale Sprache da und sichern in perfekter Weise den Austausch.

• *Eine so genannte »wahre« Kultur schaffen*: spirituelle Sektenkultur oder offizielle Gesellschaftskunst. Als eine Möglichkeit, beiden zu entsprechen, um von Anhängern der beiden anerkannt zu werden (von denen, die wissen, oder von denen, die denken). Den Schaffenden steht als Machtmittel nur die Anpassung an die Kunstkritik zur Verfügung, denn sie wissen, dass die Kritiker sich gegenseitig beobachten, um sich der allgemeinen Parolen zu bedienen, die ihnen Macht sichern.

Der Anhänger soll in einer Sekte nicht neu gestalten, seine Kultur muss sich darauf beschränken zu wissen, was der Guru tut, und ihm Ehrerbietung zu zollen. Wäre die Kunst hier nicht eine Möglichkeit, um die Verschiedenartigkeit wieder aufleben zu lassen? Nein, die Kulturministerien, bestärkt durch ihre ideologische Demagogie, ziehen es vor, die Kunst so weit zu entwerten, bis sie wirkungslos ist, anstatt den Meinungszwiespalt, der in Beziehung zu ihrer Ideologie herrscht, zuzugeben. Das Volk leidet an einem kulturellen Komplex. Man hätte den Deckel des kulturellen Komplexes lüften müssen, indem man erklärt hätte: wenn die Kunst eine Form der elitären Auslese ist, dann soll sie das auch bleiben, damit jeder Zugang zu ihr hat. Stattdessen hat die Minderheit, die die Macht über die Kultur ausübt, erklärt: »Bemalt ihr nur mit Sprühdosen die Wände unserer Häuser, das ist Kunst für euch, während wir in Ruhe damit fortfahren können, das weiterzuentwickeln, was für uns Kunst ist.« Und damit hat man den kulturellen Komplex noch unterstrichen. Um dies zu verhindern, hätte man erkennen müssen, dass zwischen den Machthabern, die den Willen eines Kollektivs ausdrücken, und dem Menschen (die vereinten Einzelwesen bilden das Volk) ein echter Konflikt besteht und dass dieser von der Kultur, der Handhabung der Kunst, der Literatur und der Ästhetik vertuscht wird. Aber, wie jeder weiß, stimmt es, was die meisten sagen, selbst wenn die Mehrheit nie in ihrem eigenen Namen spricht, in *Ihrem* Namen als Individuum. Es geht darum, durch Bedrohung Druck auszuüben, die Ablehnung zu glätten, Schuldgefühle zu vermitteln und zu vergrößern.

In der Sekte – kein Problem: passt euch an, wie in jeder guten Religion, sonst werdet ihr in die Hölle kommen. In der Gesellschaft: wenn Sie sich nicht anpassen, werden Sie krank, geschehen Ihnen Autounfälle, werden Sie zurückgewiesen, werden Sie allein sein: die Hölle auf Erden!

Schauen Sie sich die Werbung an. Sie sagt Ihnen: »Entweder Sie fügen sich oder Sie werden unglücklich.« Eine wohl bekannte Aussage, die im Allgemeinen in der familiären Struktur fest verankert ist: »Wenn du willst, dass man dich liebt, sei dies und das, sei alles, aber sei nur nicht *du*, sei nicht Einer und schon gar nicht Eins.« Die Angst manipulieren. AIDS: etwas anderes in Betracht zu ziehen als das Geheule darüber, kein Geld mehr zu haben und kein unbewusstes Dasein mehr führen zu können, ist offensichtlich unmöglich für die auf ewige Zeiten Schuldig-gesprochenen (seien es Regierende oder Regierte). Wird man Jahrhunderte um Jahrhunderte Kondome tragen? Amen.

Die Verkehrsunsicherheit: 9.000 Tote pro Jahr. Wir werden die Höchstgeschwindigkeit noch mehr heruntersetzen. Wie viele Tote im »Stillstand« in Jugoslawien, Zentralafrika, Vietnam ... – die Liste wäre zu lang. Ist die Gesamtzahl der Toten geringer geworden, da wir seit zwei Dutzend Jahren die Kontrollen verschärfen und die Grenzen abbauen? Wird die Anzahl der Toten in Frankreich kleiner? Wenn die Medien und Herr Versicherung den Tod besiegt haben werden, dann bleibt glücklicherweise noch der Mord und der kollektive Selbstmord, damit das Leben zu Ende gehen kann, denn alles, was beginnt, endet. Diese Angst ist für die Aufrechterhaltung des kollektiven Drucks nützlich und lohnend.

Drogen: sie sind die Religion des kulturell Unterdrückten. Sie sind die Lösung für den, der erkennt, dass die Mutter, Familie, Gesellschaft, Religion, Kultur, geistige Suche, alles demselben Ziel zustrebt: der Verneinung seines Daseins. »Ich zerstöre mich, damit ihr mich nicht mehr zerstören könnt. Ich weiß genau, dass ich nicht die Kraft zur Veränderung habe, keine Kraft, euch zu verändern.« Wo doch Ändern eigentlich so einfach ist. Es reicht, es zu sehen, es zu sagen, es zu zeigen, und schon sind Sie anders, verschieden.

Sekte und Gesellschaft funktionieren anhand eines spe-ziellen Systems, das der menschlichen Gemeinschaft angehört, und deren Hauptenergiequelle und Sinn des Lebens die Angst ist – welche den Herdentrieb in Gang setzt. Ihre Interaktionen mit dem Menschen sind identisch, denn keine menschliche Gemeinschaft besitzt ein anderes System der Beziehung.

Ersetzen Sie nur nicht Ihre Überzeugungen durch meine. Machen Sie aus dem hier Gesagten keine neue Religion. Stützen Sie sich auf den Unterschied, lassen Sie den Zwischenraum Ihres Seins leben.

Erklären Sie sich für frei, unbedingt. Die Freiheit ist das Eigentum des Menschen, so sicher wie Himmel und Erde zusammengehören. Hören Sie auf, sich der Symbolik zu bedienen, um einen geistigen Ansatz zu rationalisieren, der auf dem Glauben gegründet ist. Er beinhaltet die Voraussetzung eines unbewussten Drangs danach, nichts zu wissen. Er drückt den Zweifel aus. Der Wunsch nach der Erklärung von Symbolen (aus welchen Büchern oder Traditionen sie auch immer kommen mögen) ist besonders suspekt.

Sollten wir denn dermaßen zweifeln, dass wir den Glauben rationalisieren müssen, um zu glauben? Lassen Sie also die Symbole in ihren Schubladen liegen. Das sind Überreste des kollektiven Bewusstseins, die nicht mehr gültig sind, wenn *Sie* noch Gültigkeit haben. Das ist, wie wenn man sein Leben lang nach seiner Plazenta sucht, indem man an seiner Nabelschnur zieht. Die Religionen haben die politische Macht zur Unterdrückung der Menschen lang genug ausgeübt, es ist Zeit, dass man damit Schluss macht.

Aber Vorsicht: auch das Aikidō kann dazu werden, und die Staatsgewalt[10] hat schon davon Besitz ergriffen, das gesellschaftliche Image des Aikidō ist bereits kontrolliert, verfälscht und deformiert. Man versucht es seitens des Sport- und des »Jugend«-Ministeriums (wie lächerlich! – ihr Alten, bleibt zu Hause. Wann werden wir ein Altenministerium haben, ein Frauenministerium und was nicht noch alles?) zu neutralisieren. Aber auch – und vor allem – seitens der Ausübenden selbst: das Sport-Aikidō, das spirituelle Aikidō, das symbolische Aikidō, das bioenergetische, makrobiotische, natürliche, Psycho-, Patho-, Hippie-Aikidō; ich überlasse es Ihnen, die Liste zu vervollständigen ... Das Aikidō darf nicht im Getto des Sports und der Bazarspiritualität verharren.

Meister und Schüler

Der Meister stellt ein individuelles Bewusstsein dar, das man ausleihen kann, um sein eigenes Bewusstsein zu erkennen,

10 in Frankreich, wo der Staat durch diverse Regulierungen versucht auch in die Lehrinhalte des Aikidō einzugreifen. In Deutschland ist das in dieser Form (noch) nicht der Fall. (Anm. d. Hrsg.)

indem man den Unterschied zwischen den beiden objektiviert. Aber der Meister ist kein Heiliger, er ist kein Beispiel, er ist nicht mehr und auch nicht weniger entwickelt oder spirituell. Er ist frei, frei wie Sie. Der Meister ist ein Anarchist der Spiritualität. Man kann ihn nicht imitieren, weil er sich niemals als Meister zeigt. Er imitiert sich nicht selbst. Er *ist*, ungeachtet der auf ihn gerichteten Blicke, er urteilt nicht. Er geht vorwärts.

Die Liebe ist die einzige Verbindung, die zwischen Meister und Schüler Bestand haben kann, und das hat nichts mit dem WEG zu tun, sondern mit dem Leben. Das braucht keinen Rahmen, um zu existieren. Die Liebe ist frei, wenn Sie es sind. Wenn ich weiter unten schreiben werde: »Wenn Sie Gott suchen ...«, dann übersetzen Sie »Gott« mit »freie Liebe«, und wenn Sie lesen werden: »das Leid der Welt empfangen«, dann verstehen Sie dies – im Gegensatz zur christlichen Moral – nicht als ein Auf-sich-Nehmen des anderen, sondern als Tatsache, dass der freie Mensch die nötige freie Liebe besitzt, um die Gesamtheit auszudrücken, und er kann dadurch der Welt ermöglichen, sich zu objektivieren.

Das Ende vom Bewusstsein des Individuums ist der Ort der Wiedervereinigung der Welt, denn indem es individuell, also frei ist, objektiviert es die universelle Gesamtheit.

Vielleicht erscheint Ihnen die Notwendigkeit des geplanten Buchs *Der philosophierende Körper* so, wie sie mir erschien: als philosophisches Werk, damit das vorliegende Buch nur noch eine Ansammlung von Fragen und scheinbaren Widersprüchen ist und allein folgenden Bezugspunkt haben kann: »Wie verhält man sich im Rahmen eines *Dōjō*,[11] wissend, dass der WEG aus ihm hinausführt und das Leben keinen Rahmen hat?«[12] – und damit man nicht voreilig vom Lesen dieses Buches hier auf einen elementaren, anarchistischen Atheismus schließt, dem Wiederaufkommen der »Achtundsechzigerbewegung«.

11 *Dōjō*: Siehe Glossar und Kap. 4
12 Wenn Sie noch nach dem Unterschied zwischen der Religion und dem WEG suchen: die Religion wendet sich an alle und will alles sagen; der WEG wendet sich nur an Sie allein und bedeutet an sich nichts. Die Religion führt zu dem Bild, welches die Menschheit ihrem Unbewussten zuspricht. Der WEG führt Sie zu sich selbst.

2

Aikidō, die Kunst der Einheit

»Wer seine Wurzeln wieder findet, ohne es zu merken,
wird der ursprünglichen Unterschiedslosigkeit nicht aus dem Weg gehen.«
Tschuang-tse

Meister und Gründer Ō-Sensei Morihei Ueshiba sagte: »Das Aikidō gehört niemandem. Es ist der Weg im Dienst der Menschen der ganzen Welt.« Diese Worte, die ich Ihnen zitiere, kommen von Kobayashi Hirokazu Sensei, meinem Meister, der Ueshibas direkter Schüler ist.

Bei einer Ägyptenreise mit Kobayashi Sensei sagte mir dieser völlig hingerissen von der großen Pyramide von Gizeh, als wir den obersten Saal erreicht hatten: »Wenn Ō-Sensei hier wäre, hätte er sofort das *norito*[13] gemacht.« Und er begann es selbst zu tun. Sein Gesang, den er zu den 7 Grabsäulen hin gerichtet hatte (obwohl er die Architektur des Ortes nicht genauer kannte), begann in der gesamten Pyramide zu klingen und nachzuhallen, und wir[14] hatten den Eindruck, dass hunderte von Stimmen antworteten: über uns, unter uns und um uns herum. Als wir die Pyramide verlassen hatten, erzählte er mir, dass Ō-Sensei Ueshiba des Öfteren mit ihm über Ägypten gesprochen hatte, die Wichtigkeit dieses Ortes betonte und erklärte, dass die wahren Wurzeln dort zu finden seien. Er sagte zu Kobayashi Sensei: »Wenn ich selbst nicht dorthin gehen kann, dann geh du, und ich werde auch dort sein, mit dir, und werde mit deinen Augen sehen.«

Ich teile Ihnen diese Anekdote mit, weil sie eine Wendung in meiner Praxis und in meinem Leben kennzeichnet. Als er mir das sagte, schien Kobayashi Sensei sehr berührt und lehrte mich

13 Shintōistischer, religiöser Gesang.
14 Ich wurde von einem Schüler begleitet, der in Paris praktizierte, die Wichtigkeit dieser Reise erkannte und ihre materielle Verwirklichung sicherstellte. Ich danke ihm nochmals beim Schreiben dieser Zeilen.

eine *Taisō*-Technik[15], die ich bis dahin noch nie gesehen hatte. Ich erzähle Ihnen das auch, weil Ō-Sensei Ueshiba selbst die Tatsache betonte, dass das Aikidō schon bei seinem Entstehen nicht japanisch, sondern universell war. Der Meister und Gründer bezeichnete sein *Budō*[16] vor allem als Kunst, die vereint. Er wies ganz klar auf den unpolitischen und nicht glaubensgebundenen Charakter seiner Kunst hin, indem er sie allen Schichten der japanischen Gesellschaft lehrte, in Asien und auch in Europa, wohin er Schüler sandte.

Er vereinte die Religionen und Nationen in derselben Liebe. Er wies den Weg, den uns Kobayashi Sensei noch heute lehrt: den Weg der Toleranz und der spirituellen Liebe jenseits jeglicher Formen.

---

15 *Taisō* ist die Abkürzung von *Aikitaisō* und bezeichnet spezielle Übungen zur Harmonisierung der Energien.
16 Siehe Glossar.

3

Aikidō, das Budō der Liebe

»Es ist das Geheimnis der gewaltlosen Kampfkunst, gerade dem Krieg ein Bewusstsein des Friedens zu geben.«

Unser Geist trägt die unwillkürliche Gewohnheit in sich, die Idee der Kriegskunst der Idee der Liebe gegenüberzustellen. Es gibt noch eine andere Bewusstseinsstufe: die Kunst vom Ja zu dem, was ist, aber dabei müssten wir noch definieren können, was wirklich ist.

Kobayashi Sensei gibt mir des Öfteren Worte von Ō-Sensei Ueshiba wieder: »Es existieren tatsächlich nur drei Dinge: *ai, inochi, chi'e.*« Dann muss man in die Welt der Kraft eindringen: *chikara*, Welt der Kampfkunst schlechthin, aber auch Welt der Erscheinung, der Illusion – *māyā*.

Die Zweideutigkeit, die der Ausdruck »gewaltlose Kampfkunst« enthält, ist das wesentliche Element, um an das Bewusstsein des *ai* heranzukommen. *Ai* bedeutet im Japanischen zugleich »Harmonie« und »Liebe«.[17]

Die Liebe des Aikidō gründet sich nicht auf eine Lehre, »die anderen zu lieben«, sondern auf einen Zustand der Seinsfülle, welche zur Großzügigkeit führt. Diese Fülle kann nur durch das Nichtvorhandensein von Angst erreicht werden. Dieses Nichtvorhandensein von Angst, welches dazu beiträgt, das Herz des Angreifers zu verändern, verwirklicht sich nur durch die Bereitschaft und Offenheit der Technik, des Wissens und der Energie.

Durch die Suche nach der Wirksamkeit im Kampf gelangen wir zur Offenheit. Somit entsteht aus dem Perfektionieren der kriegerischen Handlung ein erhöhtes Bewusstsein, verbunden mit dem Mitgefühl für den Gegner, woraus die Idee des wahren Sieges entspringt, und das bedeutet den Sieg beider Beteiligten

---

17 Geschrieben mit verschiedenen Schriftzeiche: *ai* 愛 = Liebe, und *ai* 合 = Harmonie. (Anm. d. Hrsg.)

ohne Verlierer. Deswegen spricht man im Aikidō nur vom Partner. Wenn man zum wahren Sieg vorgedrungen ist, dann haben die, die sich als Gegner sahen, tatsächlich miteinander kollaboriert und waren Partner ohne ihr Zutun.

Es ist das Geheimnis der gewaltlosen Kampfkunst, gerade dem Krieg ein Bewusstsein des Friedens zu geben.

Ō-Sensei Ueshiba bezeichnete das Leben, *inochi*, als Schöpfung, die aus den zwei Polen eines universellen Konflikts entspringt. Man kann folgendes Beispiel nehmen: alles entsteht aus dem Gegensatz von Fülle und Leere, Himmel und Erde, Wasser und Feuer, Mann und Frau, Bewusstsein und Unbewusstem, Vergangenheit und Zukunft.

Die Opposition zwischen der wahren Welt (die Kobayashi Sensei mit dem Begriff *ji sekai* beschreibt) und der »scheinbaren und erscheinenden Welt« (*arawareru sekai*) ist der direkte Ausdruck des Konflikts in diesem Universum, der Lebensquelle. Und *chi'e* bezeichnet »Intelligenz«: Ō-Sensei Ueshiba lehrte die Intelligenz der kosmischen Bewegung.

Kobayashi Sensei gibt als Beispiel, dass vom Mikrokosmos bis zum Makrokosmos, vom Einzeller bis zum gesamten Universum, das Leben nur eine Architektur hat: den Atem. Zwischen diesen beiden Polen, vom Kleinsten bis zum Größten, geht alles um die Vielfalt.

Somit, sagt Kobayashi Sensei, haben alle Menschen dieser Erde ein identisches – organisches, motorisches, zerebrales, energetisches, mentales – Funktionssystem, aber alle ein verschiedenes Gesicht. Ich würde dies gern mit den Worten von Rainer Maria Rilke ausdrücken: »Gebt mir meinen eigenen Tod.«

Ai kann durch den berühmten Satz ausgedrückt werden, der zur Entdeckung des Grals führt: »Erde und König sind eins«. Das ist die Integration der Gegensätze durch ein sphärisches Denken. »Die Wahrheit lässt sich nur das Verständnis der Gegensätze erfassen«, sagte Laozi.

Inochi ist das Leben im Sinn des Atems, der vitalen Energie, eines in die Zeugung hinabgestiegenen Gottes. Schlussendlich ist *chie* die Akzeptanz des Unterschiedes, des Andersseins, der Vielschichtigkeit. *Ai* erzeugt ein neues Paradigma, in dem nichts mehr gegensätzlich ist.

Inochi lässt uns den sakralen Sinn des Lebens erfassen und führt uns dazu, nicht mehr gegen den Ereignischarakter dieses Lebens anzukämpfen. Es ist der Schritt zu *aregatai*, was wir mit »Gnade schenken« und »danken« übersetzen. *Chi'e* zeigt uns die Toleranz im Respekt vor den Unterschieden, und alles Unterschiedliche trägt das Zeichen des Sakralen.

Ai, inochi, chie ist eine Dreieinigkeit, die sich zur Freiheit aller öffnet, denn jeder ist die vollkommene Offenbarung der göttlichen Existenz.

4

Das Dōjō, ein symbolischer Ort

>»Das Dōjō ist der Ort, wo man den WEG der Erweckung übt.«
>Taisen Deshimaru

Das Dōjō ist der Ort zum Studium des WEGES. Man praktiziert dort, man meditiert dort. Wie alle heiligen Orte ist das Dōjō in einer präzisen Weise eingerichtet, und das Verhalten darin ist ritualisiert.

Das Dōjō sollte ein Raum sein, der etwas erhöht ist, wo man »hinaufsteigt«, um damit an den shintōistischen Mythos des *Ame no yūki ashi*, »die über dem Himmel schwebende Brücke«, zu erinnern, von wo aus die *Kami* (die shintōistischen Gottheiten) Japan erschaffen haben sollen, indem sie eine Lanze im Meer schüttelten (mit »Japan« ist die »Welt« gemeint).

Symbole und Rituale des Dōjō

Ausrichtung
Die vier Wände des Dōjō haben eine symbolische Funktion. Das *kamiza* im Osten ist die Ehrenwand, wo sich die Gottheiten befinden. Der Osten ist auch die Seite der aufstrebenden Energie, der aufgehenden Sonne. Deswegen waren auch unsere Kirchen seinerzeit nach Osten ausgerichtet. Dies ist die natürliche Richtung der Meditation. Aus diesem Grund unterrichtet der Lehrer ausschließlich am *kamiza* und dem *shimoza* zugewandt.

Das Aikidō-Dōjō bleibt, obwohl es ein heiliger Ort ist, nichtsdestoweniger ein nicht-religiöser Ort. Die Wahl der exakten Ausrichtung resultiert aus dem Streben nach einer Harmonie mit der Energie, und die beginnt in der Übereinstimmung mit der aufgehenden Sonne.

Am *kamiza* richtet man ein *tokonoma* ein, eine Wand-nische, wo man Blumen, eine in Zusammenhang mit dem WEG stehende Kalligrafie und das Porträt des Aikidō-Gründers

Ō-Sensei Morihei Ueshiba aufstellen kann. Die Anwesenheit dieser Fotografie bedeutet, dass die Menschen die Demut besitzen können, sich voreinander zu verneigen, und erinnert denjenigen, der den Unterricht erteilt, daran, dass seine Aufgabe die Unterweisung in eine Kunst ist, die schon lange vor ihm begann.

Verhaltensweisen in Beziehung zur Ehrenwand
• Nur der Lehrer hält sich am *kamiza* auf. Die Schüler dürfen sich niemals dort hinsetzen noch ihm bei der Verneigung vor einem Ranghöheren den Rücken zukehren.
• Man legt das *hakama* zum *kamiza* hin gerichtet zusammen.
• Man legt dort niemals Dinge ab.
• Am *kamiza* dürfen sich keine Zuschauer aufhalten.
• Man tritt keinesfalls entlang des *kamiza* in das Dōjō ein.
• Wenn man zwischen einem Senpai oder einem Sensei und dem *kamiza* durchgeht, so tut man das mit einer Geste der Verneigung.

Das Shimoza
Das ist der Platz, wo sich die Schüler hinsetzen; er ist hierarchisiert. Man richtet sich frontal zum *kamiza* aus; rechts sitzen die höher graduierten Schüler, links die niedriger Graduierten. Man setzt sich an seinen durch die Rangordnung definierten Platz (innerhalb desselben Grades bestimmen das Alter und das Geschlecht die Rangordnung).

Man betritt und verlässt das *tatami* von der linken Seite des *shimoza* (also im Nord-Westen). Die Waffen legt man hinter das *shimoza*.

Alle Dinge, die nichts mit der Praxis zu tun haben, müssen außerhalb des Dōjō gelassen werden.

Das Jōseki
Das *jōseki* ist ein höher gestellter Platz. Wir haben gesehen, dass die ältesten Schüler, die am *shimoza* sitzen, sich nah beim *jōseki* befinden. Es besteht die Möglichkeit, am *jōseki* einen oder mehrere Assistenten zu platzieren, deren Grad weit höher ist als der der höchstgraduierten Schüler, die am *kamiza* sitzen. Es ist ein Ehrenplatz. Man lädt sie ein am *jōseki* nahe beim *shimoza* Platz zu nehmen.

Wenn umgekehrt ein Lehrer in seinem Unterricht einen anderen, höher graduierten, Lehrer empfangen würde, dann würde er ihn bitten am *jōseki* nahe beim *kamiza* Platz zu nehmen.

Der Platz schließlich, an den man die nicht praktizierenden Besucher hinsetzt, heißt *shimozeki*.

Der rechte Platz

Das Dōjō ist also entsprechend der jeweiligen Weiterentwicklung nach Können und Grad, Zeitdauer der Übung und Alter organisiert, und man wechselt dementsprechend seinen Platz und ist dadurch symbolisch in Kontakt mit den 5 Elementen: Erde, Wasser, Feuer, Wind und Leere. Man tritt am *shimoza* ein (Erde). Man bewegt sich langsam vorwärts zum *jōseki* (Wasser), bis man schließlich dort ankommt (Feuer). Und zuletzt wird man Lehrer (Wind).

Die Erde ist ein besonders hartes Element mit einem Relief: Man kann es mit den Spannungen und der Härte der Anfänger vergleichen. Nach und nach werden sie durch die Praxis des Aikidō geschmeidiger und flüssiger. Sie werden zu Wasser, zu *uke*. *Uke* ist derjenige, den der Lehrer zur Demonstration der Würfe auffordert, derjenige, der die Kraft des Lehrers ständig direkt und physisch entgegennimmt. Diese Kraft überträgt der *uke* in seiner Verantwortung als Schüler auf die anderen Schüler.

Es ist die gemeinsame Arbeit aller Fortgeschrittenen während des Unterrichts, den Anfängern die Verhaltensweise, den Respekt vor der Etikette und der Hierarchie sowie die moralischen Regeln des Budō zu lehren. Auf die gleiche Weise wird diese Erde durch das auf sie niederfließende Wasser abgetragen. Auf die gleiche Weise, wie das von der Sonne verdampfte und nach oben gezogene Wasser vom Wind weggetragen wird und zur Erde zurückfällt; durch den Fall, durch das Rinnen und Versickern wird die Erde verändert. Genauso respektiert die Lehre des Aikidō diesen Zyklus.

Wenn das Feuer die Erde verändert, tut es dies immer rücksichtslos. Erderschütterungen und Vulkane sind Phänomene, deren Nützlichkeit und Liebe nicht leicht zu begreifen sind. Die direkte Lehre eines fortgeschrittenen Lehrers an einen

Anfänger darf nicht in größerem Maß beeinträchtigend bzw. störend sein, als sie wirksam ist.

Aikidō wird immer über den Weg des *meguri*[18] ausgeführt. Es gibt den aufsteigenden Weg des Anfängers zum Erfahreneren, den Weg des Erfahrenen zum Uke, den Weg des Uke-Assistenten zum Meister. Und es gibt den absteigenden Weg. Jeder hat die Aufgabe, dem WEG zu folgen.

Es ist notwendig, seinen Platz zwischen *shimozeki* und *jōseki* zu finden. Den richtigen Platz zu kennen, bedeutet schon sein Schicksal zu begreifen. »Alles was an seinem Platz ist, ist rein. Du bist nur unrein, wenn du nicht an deinem Platz bist.« (aus *Die Antwort der Engel* von Gitta Mallasz[19])

Der Wind, das 4. Element dieses Systems, drückt die Wolken weg und verursacht durch den Regen und das Fließen die Erosion. In unserer Übung wird dieser Wind die Dynamik sein, die von der ganzen Gruppe hergestellt wird, jeweils in der Eigenart der betreffenden Schule (*ryū*).

In unserer Lehre ist der scheinbare Widerspruch zwischen der Strenge der Disziplin und der durch *meguri* ausgelösten Dynamik der Ursprung dieser großen Energiebewegung.

Nichts zurücklassen

Die Reinigung des Dōjō erfolgt gemäß der Tradition vor und nach dem Unterricht. Vor dem Unterricht nehmen alle Schüler des ersten Jahres feuchte Putzlumpen und reinigen das Dōjō. Sie legen ihre Putzlumpen auf den Boden, stützen sich mit ihren Händen darauf und schieben sie auf allen Vieren laufend über das Tatami. Am Ende der Stunde fegen dieselben Schüler das Dōjō, um den Staub zu entfernen. Man kann auch andere Methoden anwenden. Wichtig ist nur, dass das Dōjō jedes Mal vor und nach der Benutzung gesäubert wird.

Auch wenn uns diese Regeln recht schwer verständlich scheinen, so sind sie doch notwendig, denn sie bauen einen präzisen Rahmen von zeit-räumlichen und beziehungsmäßigen Anhaltspunkten auf, der, verbunden mit der Praxis der

18 Spiralförmige Bewegung der Energie (s. auch Glossar).
19 In deutsch erschienen im Daimon-Verlag. (Anm. d. Übers.)

Aiki-Bewegungen, dem Bewusstsein des Körpers das »Sich-selbst-bewusst-Werden« ermöglicht.

Macht die Tatsache, dass wir in einer Welt leben, die sich außerhalb unser selbst befindet und deren Grenzen uns unbekannt sind, Sie nicht auch neugierig?

Der Raum und die Zeit des Bewusstseins

Auf Grund der Unkenntnis der Grenzen des Universums besitzen wir kein Bewusstsein unseres inneren Raums. Wir verwechseln die innere Leere, die Quelle unseres spirituellen und Mittel unseres organischen Lebens, wegen eines Fehlers in der Anschauung bzw. Darstellung mit Grenzenlosigkeit.

Die kosmische Leere, in der wir leben, und unsere innere Leere gehen ohne Unterbrechung ineinander über, aber diese Leere besitzt Umrisse – die des kosmischen Bewusstseins. Sie sind der Ort ihrer Interaktion mit der universellen Leere.

Das Dōjō als Ort ist die Darstellung des bewussten innernen Raums des Ausübenden, und seine Organisation ist die erste Struktur, auf die sich das Bewusstsein des Körpers stützt, um sich sich selbst zu offenbaren. Genauso strukturiert sich unser Affekt im Bewusstsein, nämlich durch archetypische Beziehungen, welche die Etikette (Beziehung zum anderen), die Disziplin (Beziehung zu sich), die Hierarchie (Beziehung der intra-individuellen Bewusstheiten untereinander) anbieten. Und ich möchte hinzufügen: wenn der Meister in dieser Bewusst-werdung eine Rolle spielt, dann die, ihm quasi als Anti-Gott zum Einstieg in seine eigene spirituelle Realität zu verhelfen.

Die absolute Freiheit ist in der Spiritualität möglich, denn sie erlaubt die Bewusstwerdung eines Selbst-Individuums, unbe-grenzt, aber kenntlich. Das Dōjō ist kein Tempel, wo man eine Mystik entwickelt, sondern im Gegenteil ein heiliger, nicht-apostolischer Ort, ein Geländer der religiösen Abschweifungen. Seine Struktur bringt die schwachen Erinnerungen der kollek-tiven religiösen Vergangenheit, deren Träger jeder von uns ist, zur Darstellung und bewahrt uns gleichzeitig vor ihnen, indem es uns ermöglicht, sie zu objektivieren.

Ferner ist das Dōjō der Raum der Begegnung mit unserer Innerlichkeit, denn es ermöglicht die Bewusstwerdung der universellen Dimension der Individualität, indem es den nötigen Zwischenraum für diese Bewusstwerdung schafft, die innere Naht zwischen seinem heiligen Raum und der Außenwelt. Dieser heilige Raum ist dennoch außerhalb unseres bewussten Körpers, der dadurch zum Universum des Inneren wird.

Die Konfrontation dieser beiden Welten – der Welt des klar abgesteckten Dōjō und der unbegrenzten Welt des täglichen Lebens – gestattet uns den Zugang zur doppelten Darstellung eines internen Wir-Selbst und eines externen Wir-Selbst, deren gegenseitige Objektivierung zum Ort unserer Bewusstheiten werden muss.

Wir haben es hier mit einer echten Dialektik zwischen dem »kollektivierten Individuum« und dem »natürlichen Individuum« zu tun, die sich in unserer Praxis über den Umweg der Symbolik der Wände des Dōjō fortsetzt und deren Endergebnis das spirituelle nichtreligiöse Leben ist. Das Ritual spielt dieselbe Rolle im zeitlichen Rahmen. Es lässt die Zeit des Bewusstseins entstehen.

5

Der Unterricht
Ablauf und Rituale

»Der gesunde Menschenverstand bleibt der beste Führer.«

D er Ablauf des Unterrichts in einem Dōjō ist von einigen
Ritualen geprägt.

Die Begrüßung (Zarei *und* Ritsurei)

Zarei (die Verneigung in *Seiza*[20]) ist für alle Übenden beim
Betreten und Verlassen des Dōjō obligatorisch. Der Meister
kann sich auch im Stehen verneigen (*Ritsurei*).

Ebenso verneigt man sich in *zarei*, um einen Partner mit
der Formulierung *»Onegai-shimasu«*[21] zu einer Übung auf-
zufordern, eine Einladung, die man mit derselben Geste und
demselben Wort erwidert. Nach dem Üben verneigt man sich
wiederum in Zarei und sagt: *»Dōmo arigatō gozaimashita.«*[22]

In Europa und manchen japanischen Schulen verwendet
man die Verneigung im Stehen für diese verschiedenen Anlässe;
dies ist jedoch eine nachlässige Form, von der ich abrate.

Man verneigt sich auch im Sitzen, wenn der Lehrer einen
Rat oder eine technische Korrektur gibt; wenn dieser das Dōjō
betritt oder verlässt, während man sich darin befindet; wenn
man sich an einen Senpai richtet; wenn man ein Hakama in
Empfang nimmt (um es zusammenzulegen) oder zurückgibt;
wenn man *jō* und *bokken* des Lehrers oder eines Senpai nimmt
bzw. zurückgibt; und wenn man etwas auf das Kamiza legt,
macht man Zarei in Richtung des *tokonoma*.[23]

20 Fersensitz.
21 »Ich bitte Sie.«
22 »Ich danke Ihnen.«
23 Für alle japanischen Ausdrücke, die in diesem Kapitel verwendet

Bei diesen verschiedenen Verneigungen achtet man darauf, nicht den Rücken zum Kamiza zu drehen, wenn man sich zum Lehrer oder Senpai wendet. Wenn der Lehrer speziell einen Uke[24] auffordert, um etwas vorzuführen, dann verneigt sich dieser kniend vor dem stehenden Lehrer. Auch hier existieren nachlässige und abgewandelte Ausführungen, von denen ich Ihnen abrate.

Die Verneigung ist eine Geste der Verinnerlichung. Man nimmt symbolisch eine fötale Haltung ein als Sinnbild eines Wiederbeginns; man kehrt zur Erde zurück, um wieder zu sich zu kommen und erfährt eine neue Geburt.

Die Ausatmung während des Verbeugens ermöglicht die Veränderung des inneren Zustands. Man verlässt die äußere Unruhe und tritt in die Ruhe des Dōjō ein. Während der Neigung zum Boden atmet man aus. Mit der Einatmung richtet man sich zur Hälfte wieder auf, bis die Arme sich strecken, und atmet erneut wieder aus (sobald sich die Hände vom Boden lösen) und richtet den Oberkörper auf.

Bei allen zum Kamiza gewandten Verneigungen legt man die Hände in *gasshō* zusammen und legt sie dann ziemlich weit vor sich auf den Boden. Man verneigt sich so tief, bis die Stirn in der Mitte zwischen beiden Händen liegt, verweilt einen kurzen Augenblick und richtet sich dann langsam wieder auf.

Die Verneigung ist ein Zeichen des Respektes vor den anderen und dem Ort, wo man übt. Sie ist ein Zeichen der Anerkennung und Wertschätzung derjenigen, die vor uns praktiziert haben. In unserer Gesellschaft ruft die Anwendung einer Verneigung Assoziationen von Dienen und Hörigkeit oder religiös gemeinten Verbeugungen hervor. Daraus die Schlussfolgerung zu ziehen, die Lehre des Aikidō verbreite eine feudale Tradition mit der dazugehörigen politischen Ideologie, bedarf nur einer kleinen Hürde, die manche nur allzu leicht überschreiten.

Diese Leute sollten einmal darüber nachdenken, dass es nur eine Art und Weise gibt, unsere Handlungen von dem

werden, siehe Glossar (und Kap. 4).
24 Siehe Glossar sowie Kap. 4 und 12.

sozialen Zwang, den sie beinhalten, zu befreien: sie mit einem ehrlichen Geist des Respekts und der Gleichheit auszuführen, um sie dadurch mit einer positiven Energie zu füllen. Anderen möchte ich entgegenhalten, dass es leicht ist, Aikidō als eine religiöse Sekte (im abwertenden Sinn) abzutun. Ich wende hier als Gegenargument ein, dass es nur eine Art gibt, diese Handlungen ihres religiösen Inhalts zu entledigen: indem man ihnen einen wahren spirituellen Inhalt gibt und die Rituale in einem über-religiösen Geist ausführt. Hier eine Anekdote, die dieses Thema verdeutlicht.

Anlässlich eines Unterrichts im Schulbereich lässt einer meiner lehrenden Schüler die Kinder Bilder über Aikidō malen. Eine Woche später kommt ein kleines Mädchen mit einer Zeichnung, auf der ein *tokonoma* dargestellt ist, das mit zwei Linien durchgestrichen und von der Hand eines Erwachsenen mit der Anmerkung versehen wurde: »Verneige dich nur vor Gott.« Der elterliche Eingriff war offensichtlich, denn ein siebenjähriges Mädchen war dazu allein a priori nicht fähig.

Ich meine damit, dass ich eine religiöse Form des Integralismus bedauernswert finde, welche Gott in seiner eigenen Schöpfung nicht erkennen kann. Ich sehe Gott in den anderen, in der Natur, in der Schönheit des Lebens, in den Bildern, Vorstellungen und Strukturen. Trotzdem verbreitet das Aikidō keinerlei Religion, es befindet sich jenseits dieser Dinge. Wenn ich »Gott« sage, so verstehen Sie darin bitte »Universelles Wesen, Qi, Ki, die *kami*, Allah, Echnaton, Christus, Ceridwen und all die anderen. Aikidō ist ein spiritueller Weg, aber kein Glaubensweg.

Aikidō macht aus sich selbst keine Religion. Es gibt dem Menschen etwas Konkretes, das jeder je nach seinen Überzeugungen nutzen kann. Eine andere Anekdote soll Ihnen mehr darüber erzählen.

Bei einem internationalen Lehrgang kam ein marokkanischer Teilnehmer zu mir und sagte: »Meister, ich kann mich im Unterricht nicht verneigen, weder vor dem Dōjō noch vor dem Partner, noch vor Ihnen. Ich verneige mich nur vor Allah.« Ich antwortete, dass ich ihn verstehe, und wenn er Allah nicht in den anderen Übenden und dem Unterricht selbst erkennen könne, dann möge er zu Hause bleiben und Allah bitten, er solle ihm Aikidō direkt beibringen. Nach drei Tagen kam er wieder, und als ich ihn fragte: »Na, was hat Allah dich gelehrt?« Da antwortete er mit einer Verneinung.

Ich muss sagen, dass mich Reaktionen, die uns mit einer religiösen Sekte oder einer rechtsextremistischen Bewegung gleichstellen wollen, nicht erstaunen. Sie sind zahlreich, besonders in den Kampfkünsten, und eine Art Mystifizierung des Aikidō, die eine Spiritualität voller wertlosem Zeug verkauft, trägt leider dazu bei, solche Ideen zu unterstützen. Behalten Sie im Auge, dass die Übung und der gesunde Menschenverstand die besten Führer sind und dass man die Spiritualität natürlicherweise durch die Liebe findet und nicht durch eine wie auch immer geartete Lehre. Was die Liebe angeht, so findet man ganz natürlich zu ihr, indem man Freundlichkeit, Freundschaft, Toleranz und Lebenslust übt.

Über das Benehmen

Wenn man in ein Dōjō eintritt, hat man eine bewusste innere Haltung und drückt sich mit einer gewissen Mäßigung aus.

Die Höflichkeit beim Benutzen des Umkleideraums zeichnet sich in unseren Ländern durch Strenge und Klarheit aus, und es bedarf keiner »Japanisierung« der Verhaltensweisen. Man gibt sich dennoch zurückhaltend und ist darauf bedacht nicht zu viel Platz einzunehmen und zeigt Respekt vor den Erfahreneren, indem man die Regeln der Vorrangigkeit anwendet.

Auf dem Weg zum Tatami benutzt man Schuhe, die nur für diesen Zweck bestimmt sind und die man am Rand des Tatami zurücklässt. Man betritt es an der dafür vorgesehenen Stelle (siehe im Kapitel über das Dōjō).

Wenn die räumliche Gestaltung des Dōjō die Anwendung der idealen Regeln nicht zulässt (was leider oft der Fall ist), so übernimmt man die des Senpai.

Sobald man auf dem Tatami ist, verneigt man sich, nimmt seinen Platz ein und bleibt dort in Seiza still und unbeweglich sitzen. Das Dōjō ist kein Ort der Kommunikation, auch nicht über die Übung.

Keine eigenen Übungsformen und vor allem keine Spielerei wird dort geduldet.

Man verneigt sich vor dem Lehrer und den Senpai, wenn sie eintreten.

Die einzig korrekte Haltung im Dōjō ist *seiza*.

Man sitzt entweder in *seiza* oder man übt. Jegliche andere Position muss als nachlässig angesehen werden. *Hanza* wird unter der Bedingung toleriert, dass der Rücken aufrecht ist und die Knie in der Nähe des Bodens sind. Aber auch wenn Sie Schwierigkeiten mit *seiza* haben, ist es vorzuziehen, so lange daran zu arbeiten, bis Sie in der Lage sind die notwendige Zeit in *seiza* zu bleiben, um den Erklärungen des Lehrers zu folgen, egal wie lang sie sind. Kobayashi Sensei sagt: »*Seiza* ist die Grundlage aller Budō-Praktiken.«

Der Partner muss in jedem Moment und in allem geachtet werden. Man muss sich mit Gewissenhaftigkeit, Genauigkeit und in Stille an die Technik halten, die vom Lehrer gezeigt wurde und an nichts sonst. Man muss vorsichtig sein und darf keinerlei gefährliche Bewegungen machen. Aufpassen, dass man seinen Partner nicht auf andere Übende wirft. Ein Unfall ist das Unerwünschteste, was im Aikidō passieren kann. Es darf dort kein Unfall geschehen.

Bei der Arbeit mit einem Partner ist es sehr wichtig, weder Ratschläge zu erteilen noch etwas zu fragen. Die Arbeit findet immer in der Stille statt, und es gibt keinen verbalen Austausch. Das Verständnis dessen, was im Aikidō-Unterricht passiert, entsteht nicht durch das mentale Bewusstsein. Es ist eine Arbeit des Körpers. Der Lehrer zeigt die Technik und gibt währenddessen die für die Ausführung notwendigen Hinweise. Es bedarf keiner Wiederholung der Worte durch die Übenden. Noch dazu ist es sehr unangenehm für einen Partner, ständig Ratschläge erteilt zu bekommen. Letztendlich gilt: je mehr man spricht, desto weniger arbeitet man. Nur die Erfahrung, die persönliche Erfahrung des Körpers, ermöglicht uns Aikidō zu begreifen (so wie auch alle anderen Kampfkünste).

Beim Üben mit einem Partner übernimmt zunächst der Erfahrenere die Rolle des *shite*, des Ausführenden. Der mit weniger Erfahrung übernimmt die Rolle des *uke*, desjenigen, der »erhält«. Danach tauscht man die Rollen. Normalerweise geht man so vor, es sei denn der Erfahrenere entscheidet etwas anderes. Ebenso bei der Arbeit in Gruppen. Die Schüler übernehmen dann der Rangordnung folgend die Rolle des *Shite*.

Man benutzt die Ausdrücke *shite, uke, nage, tori* und *seme,* um die Übenden entsprechend ihren unterschiedlichen Rollen zu definieren. *Shite* kommt von *suru,* was »machen; derjenige, der ausführt« bedeutet. *Nage* kommt von *nageru,* »werfen«. *Uke* kommt von *ukeru,* »empfangen«. Er ist derjenige, der den Angriff erhält, der die Energie empfängt. *Uke* ist die Position des Schülers. Ist man *uke,* so ist man der Schüler desjenigen, der einen wirft. Man ist *uke* des Lebens, man ist *uke* eines Meisters, *Uke* sein heißt Schüler sein. Dies ist die einzige Benennung, die von allen Aikidōschulen verwendet werden sollte.

Tori kommt von *toru,* »nehmen, fassen«: Man verwendet den Ausdruck *tori* auch für *shite* (derjenige, der die Bewegung ausführt), sodass man beide leicht verwechselt. Bei Angriffen durch Festhalten, z.B. *Katate-tori* (Ergreifen einer Hand), ist *tori* derjenige, der angreift. Dann werden die Rollen getauscht. Derjenige, der angegriffen wurde, ergreift nun die Initiative und *tori* wird zu *uke* und *uke* zu *tori.*

Man benutzt auch den Begriff *seme* (von *semeru,* »angreifen«), und auch dieses Wort bezeichnet denjenigen, der angreift. Wenn *uke* (derjenige, der erhält) angreift, nutzt er den Vorteil während der Dauer des Angriffs und *uke* wird zu *seme, seme* wird zu *uke.* Man sagt: »*Uke soku seme, seme soku uke*«, um diesen Rollentausch auszudrücken. Die Benennung *seme* scheint seltener benutzt zu werden als die anderen. Allerdings verwenden wir ihn in unserer Schule ständig, genauso wie *uke.*

Respektvolles Verhalten

Es gehört sich, dem Lehrer gegenüber mittels einer respektvollen Einstellung und Haltung eine gewisse Distanz zu wahren. Sie drückt sich durch eine zurückhaltende, höfliche und zuvorkommende Gestik aus: Ihn niemals unterbrechen und während der Stunde keine Fragen stellen (außer er fordert uns dazu auf). Stellt man eine Frage, so sollte sie den Lehrer nie in die Situation bringen, mit Ja oder Nein antworten zu müssen.

Immer eine Haltung der Bescheidenheit einnehmen. Immer an seinem richtigen Platz sein, sich im Verhältnis zum Lehrer einordnen können. Der Schüler, der diesen Namen verdient, weiß den Lehrer von allen Aufgaben zu befreien, die er selbst übernehmen kann. Also das *hakama* zusammenlegen, das *jō* und *bokken* tragen, seine Tasche tragen usw., diese Aufgaben kommen allen Schülern zu.

Diese innere Haltung der Achtung und Ehrerbietung gilt nicht nur dem Lehrer. Sie bezieht sich auch auf alle Senpai, die Erfahreneren und die vor Ihnen mit der Praxis begonnen haben. Manche meinen, es sei normal, dies für den Lehrer zu tun und genauso normal, es nicht für den Senpai zu tun. Sie sind im Irrtum. Durch diese Einstellung kann man lernen, sich selbst zu erkennen und trägt zur Ausgewogenheit eines Arbeitssystems für alle bei. Man entwickelt seine Wachsamkeit. Und man gelangt dahin sein Ego zu erkennen. Diese Einstellung zum Lehrer und Senpai gilt genauso außerhalb des Dōjō, egal an welchem Ort.

Im Allgemeinen benennt man den Lehrer mit dem Titel *Sensei*. Das ist die Anrede, die man verwendet, um sich an ihn zu richten oder ihn anzusprechen. Eine europäische Legende hätte gern, dass diese Anrede »Meister« bedeute. Aber eigentlich ist sie nur der japanische Gebrauch des chinesischen Ausdruckes »Bruder, der vor mir geboren wurde«, dessen man sich bediente, um alle Personen, die älter als man selbst sind, in höflicher Weise anzureden. Diese Form wird in Japan in diesem Sinn des Älteren benutzt und ist keineswegs nur den Kampfkünsten eigen.

Die Bedeutung von »Lehrer« ist darin garnicht enthalten, sondern nur *saki* (vor) *humareru* (geboren): »der vorher Geborene«. Man benutzt die sino-japanische Aussprache wegen ihres ehrenden Charakters. Es ist das normale Wort, um von seinem Lehrer zu sprechen oder ihn anzureden. Es ist ein Wort, das verschieden nahe Beziehungen ausdrücken kann und einige meiner engen Schüler, von denen manche Freunde wurden, nennen mich »Sensei« und duzen mich, was nichts Außergewöhnliches an sich hat.

Es gibt noch ein anderes ehrbezeugendes Wort, auch in sino-japanischer Aussprache, um den Lehrer, der eine Gruppe leitet, zu bezeichnen. Es vermittelt eine viel größere Distanz als »Sensei«. Es handelt sich um *Shihan* (wieder fälschlicherweise mit »Meister« übersetzt, aber es benennt nur den, der den Unterricht einer Gruppe leitet und beinhaltet keineswegs den Sinn von »verwirklicht sein«).

Übrigens gibt es noch andere Bezeichnungen, die man aber nicht als Ansprache verwendet, nämlich: *kyōshi* (»Lehrer« im eigentlichen Sinn), *Shidō-in* (Lehrer, der die Funktion einer technischen und didaktischen Führung hat), *Fuku-shidō-in* (Assistent des *Shidō-in*). Man stellt *Senpai*, den Erfahreneren, dem Jüngeren, *Kōhai*, gegenüber. Alle diese Titel stehen nach dem Namen und nicht davor. So sagt man: »Maccario Sensei« oder »Maccario Senpai« je nach der Beziehung, die man zu diesem Aikidōka höheren Ranges hat.

Kleidung und Hygiene

Die erforderliche Kleidung besteht aus dem *dōgi*. *Dō*: der WEG; *gi*: die Kleidung. Also: »die Kleidung für den WEG«. Das *hakama* wird hinzugefügt, wenn man mindestens den *shodan*[25] hat.

Dōgi und *hakama* müssen immer einwandfrei sein. Das *dōgi* muss geschlossen bleiben, unabhängig davon, was während des Übens passiert, linke Kragenseite über der rechten, sowohl für Männer wie für Frauen. Letztere tragen unter dem *dōgi* ein weißes T-shirt ohne Aufschrift. Unter dem *hakama* trägt man ein *obi*, einen breiten Gürtel, der traditionsgemäß in Japan für diese Kleidung benutzt wird. Die Frauen tragen das *hakama* wesentlich höher als die Männer. Es soll beim normalen Stehen über die Füße reichen. Es darf niemals hinten länger erscheinen als vorn. Das *obi* kann in unserer Schule bis zu einem gewissen Grad bunt sein, wenn es in den traditionellen, japanischen dekorativen Motiven bleibt. Das *obi* weist auf keinen Rang hin.

Auf dem Hakama kann zusätzlich der Vor- und Nachname des Aikidōka stehen, und zwar in Japanisch, unauffällig, hinten rechts, direkt unter der Rückenstütze. Auch das *dōgi* kann den Namen tragen sowie die Kalligrafie »Aikidō« in japanischen Schriftzeichen am Ärmel in Höhe der Schulter.

---

25 1. Dan.

Das *dōgi* darf keine Farbe oder sichtbares Markenzeichen haben, was eine Tendenz ist, die heutzutage immer mehr überhand nimmt. Wenn Sie ein *dōgi* kaufen, dann lehnen Sie alle mit Markenzeichen ab, nur das traditionelle kleine Quadrat unten am rechten Aufschlag, wo der Name des Fabrikanten steht, ist gebräuchlich.

Das *hakama* kann sowohl schwarz als auch marineblau sein. In unserer Schule wird keine andere Farbe zugelassen. Weiß, Symbol der absoluten Reinheit, wurde noch nicht einmal von Ō-Sensei Ueshiba getragen. Ich finde es angebracht, dies zu unterlassen. In anderen Kampfkünsten trägt man allerdings ganz selbstverständlich weiß, weil es zu deren Tradition gehört.

Sorgfältige körperliche Hygiene und Sauberkeit der Kleidung sind notwendig, um gute Bedingungen beim Üben zu gewährleisten und diese heilsamen Tugenden nicht aufs Spiel zu setzen.

So gehört es sich auch, zumindest Hände und Füße zu waschen, bevor man das Tatami betritt. Wenn möglich sollte man vor der Stunde eine Dusche nehmen. Den Körper vom Staub des Weges zum Dōjō oder des Schweißes des Tages zu befreien ist eine Geste der Reinigung, die in voller Übereinstimmung mit der Bewegung des Aikidō steht, das »den Körper reinigt« und »das Herz an seinen rechten Platz bringt«, so die Worte Ō-Sensei Ueshibas, des Gründers.

Aus Gründen der Sauberkeit und Sicherheit muss man darauf achten, die Fuß- und Handnägel sauber und kurz zu halten. Die von zu langen Nägeln verursachten Verletzungen scheinen harmlos zu sein, können sich aber entzünden und sehr unangenehm werden.

Schon aus Sicherheitsgründen dürfen keine Metallobjekte während der Übung getragen werden. So muss auch jeder Schmuck abgelegt werden. Ringe können bei zufälliger Berührung des Gesichts besonders gefährlich für den anderen sein und im Fall von Fingerverletzungen auch für einen selbst. Ketten und Armbänder sind bei *irimi* (Eintrittstechnik von vorne) regelrecht »Fallen«.

Die Sicherheits- und Sauberkeitsregeln müssen streng eingehalten werden und es obliegt den Lehrern, sie zu vermitteln und sie mithilfe der Senpai zu überprüfen.

Das Ablegen aller Objekte, die ein Image vermitteln – sei es persönlich, familiär oder gesellschaftlich – hat zugleich eine Bedeutung, die über den Sicherheitsaspekt hinausgeht, nämlich, dass wir die »Erscheinung« verlassen, um zu »sein«.

In ein Dōjō kommt man ohne Prunk (z.B. ohne Schminke). Auf dem Tatami gibt es weder arm noch reich, weder Personal noch Angestellte. Es gibt nur Übende, die alle gleich sind in Beziehung zum Weg und alle dieselbe Ethik achten. Und letztlich treten die wahren inneren, persönlichen Unterschiede durch das Anlegen einer selben Kleidung und das Ablegen jeglicher künstlichen Unterschiede noch klarer hervor.

Se no undō *und das Unterrichtsende*

Am Ende des Unterrichtes fordert der Lehrer zu *se no undō* auf, wörtlich »Bewegung der Wirbelsäule«[26].

Nehmen Sie Uke auf Ihren Rücken und achten Sie darauf, die Beine so tief zu beugen, dass Ihr Becken unter seinem ist und dass, wenn Sie sich nach vorn beugen, die Streckung für den Partner angenehm und befreiend wirkt, ohne dass Sie dabei übertreiben.

Um Uke auf den Boden zurückzubringen, kippen Sie nach hinten und richten Sie sich erst dann auf, wenn seine Füße am Boden sind. Ō-Sensei Ueshiba sagte: »Aikidō entstaubt den Körper.« Ich sehe in *se no undō* sowohl das symbolische Tragen des anderen (man übernimmt in der Ausführung physisch und gegenseitig das Gewicht des anderen) als auch das Abschütteln dieses »Staubes«. Nach dem *se no undō* gibt der Lehrer die Anweisung für *sei-ritsu* (oder *seiza shite*). Man setzt sich sofort an seinen Platz in *seiza*; und dann kommt die Aufforderung zu *mokusō*[27]. Es wird genauso wie am Anfang des Unterrichts ausgeführt und ebenso die letzte Verneigung mit den Dankesworten: »*Dōmo arigato gozaimashita sensei.*«[28] Danach bleiben die Schüler so lange auf ihrem Platz, bis der Lehrer das Dōjō verlassen hat (außer bei dessen anders lautender Anweisung). Mindestens zwei Personen werden das

26 *Se*: die Wirbelsäule, der Rücken (*senaka* bei Tieren).
27 Siehe Glossar.
28 »Ich danke Ihnen, Sensei.«

hakama und die Waffen des Lehrers nehmen. Jeder Schüler strebt danach, sich einem Senpai zuzuwenden und bittet um sein *hakama*, um es zusammenzulegen. Und zuletzt verbeugt man sich vor den Senpai, mit denen man während der Stunde geübt hat.

Das Zusammenlegen des hakama

Das *hakama* wird folgendermaßen zusammengelegt: zuerst unterscheidet man zwischen Vorder- und Rückseite. Alles was ein Vorne hat, hat auch ein Hinten; alles hat zwei Aspekte. Nachdem man die Falten des Stoffes geglättet hat, dreht man ihn um und faltet ihn in 3 Teilen zusammen – die 3 Ebenen allen Lebens: eine Ebene Himmel, eine Ebene Erde und die Mittelebene. Der Mensch lebt mit den Füßen auf der Erde und dem Kopf zum Himmel gewandt. Der Mensch lebt zwischen seinem Karma und seinem Schicksal, zwischen seiner Vergangenheit und seiner Zukunft.

Dann nimmt man die langen Bänder, das linke und das rechte, die vorn am *hakama* sind. Nachdem man das *hakama* noch einmal umgedreht hat, legt man das rechte Band darauf und darüber das linke; entsprechend den zwei großen Energielinien Yin und Yang. Dann bindet man sie zusammen. Es findet eine Bewegung von oben nach unten statt und direkt danach von unten nach oben als Energie, die herabsteigt, um stofflich zu werden und die sofort wieder ätherisiert, zum Himmel zurückgesendet wird, das ist *kote-gaeshi*[29]. Und direkt danach *nikyō*.

Aus der Verlängerung der Drehbewegung von *nikyō* zu *sankyō* hin entsteht eine Horizontale, und wenn sich dann die zwei Bänder im Zentrum wieder finden, wird man im Knoten die Explosion der Energie in alle Richtungen erkennen, das ist *yonkyō*, was die 5 Linien von *gokyō*[30] einführt.

Somit sind alle Bewegungsmöglichkeiten, die in diesem Universum existieren, aufgezeigt und ausgenutzt. Der Knoten

---

29 Siehe Kap. 12, Seite 100.
30 *Nikyō, sankyō, yonkyō, gokyō*: Ausdrücke, die ebenfalls in Kap. 12 behandelt werden

liegt genau auf der Scheide zwischen dem oberen und dem mittleren Drittel.

Das Zusammenlegen wird immer in *seiza* sitzend ausgeführt. Keine andere Stellung ist dafür richtig. Wenn man das *hakama* zusammengefaltet hat, gibt man es dem Eigentümer zurück und bedankt sich. Man übergibt das *hakama* immer kniend. Man hält es offen hin und verneigt sich, nachdem man es abgegeben hat.

Eine Höflichkeitsregel besagt, dass man als weniger Erfahrener sein *hakama* nicht zum Zusammenlegen an jemanden gibt, solange die Senpai das ihre noch nicht weitergegeben haben. Man reicht sein *hakama* achtungsvoll und bedankt sich im Voraus (»*Dōmo arigatō gozaimasu*«) bei dem Schüler, der es zusammenlegen wird.

6

Begegnung

Wenn du mit zwei Personen zusammen bist,
wisse, dass eine davon dein Meister sein kann.

Chinesisches Sprichwort

D as ziemlich vage Bewusstsein meiner Jugend führte mich wie einen Blinden an die Tür eines Dōjō[31]. Ich sage »blind«, denn seit einigen Jahren habe ich den Eindruck, mein Augenlicht wieder gefunden zu haben.

Vordem entfachte sich mein Interesse für die Kampfkünste durch das Lesen darüber und den Versuch, sie anhand dieser Schriften allein zu praktizieren.

Zen in der Kunst des Bogenschießsens von Meister Herrigel hat mich zutiefst berührt, ebenso wie der Jūdōführer von Marabout. Der zweite Teil dieses Werkes, der komischerweise von Zen handelt, weckte in mir das Bewusstsein des WEGES und veranlasste mich das Werk von D.T. Suzuki zu studieren. Ein Werk, das dem Kind, das ich damals war, unzugänglich blieb und meinen Geist in Schutt und Asche legte und in meinem Dasein zusätzlich zur Neugierde ein Gefühl des Verstehens ohne zu verstehen hinterließ und das Gefühl, dieser sowohl fremden als auch vertrauten Welt anzugehören.

Ein paar kurze Versuche der Kontaktaufnahme mit Jūdō und Karate weckten zusätzlich mein Verlangen, bis dann ein Gespräch mit einem meiner alten Klassenkameraden zum entscheidenden Auslöser wurde. Er erklärte mir nämlich die Faszination, die er empfunden hatte, als er einer Aikidō-vorführung beiwohnte. Das Wort war gefallen, es war meiner Begriffswelt völlig fremd und doch gleichzeitig so klar. Ich beschloss sofort, übrigens entgegen anders lautender Ratschläge, dass ich dieses »Aikidō« praktizieren würde.

---

31 Siehe Glossar und Kap. 4.

Ich ging zu dem einzigen Dōjō, das sich in meiner Region befand, wo man auch Aikidō praktizierte und wollte mich anmelden. Der Lehrer und Vorsitzende erklärte mir, ich sei zu jung für das so schwierige Aikidō und es wäre besser, ich würde Jūdō machen. Er fügte noch hinzu, dass ich mit der Anmeldung im Dōjō alles ausprobieren könne.

Ich begann sofort mit Aikidō und war überzeugt davon, dass es mir entsprach. Aber ich praktizierte auch Jūdō, Karate und später Kendō. Diese Begegnung wurde entscheidend, aber mein Entschluss wurde bald infrage gestellt. Als ich meine erste Stunde nahm, zeigte mir der Lehrer, wie man den Gürtel des *dōgi* bindet und maß diesem Vorgang sehr große Bedeutung bei, genauso wie allem, was Ritual und Disziplin anging (womit man in diesem Dōjō nicht »spaßte« und wofür ich ihm heute danke).

Als ich das zweite Mal ins Dōjō ging, wurde mir im Umkleideraum bewusst, dass ich nicht mehr wusste, wie man den Knoten bindet. Ich flüchtete und wagte nicht mehr wiederzukommen. Ich übte allein meinen Gürtel zu binden, und als ich meinte ein befriedigendes Ergebnis erreicht zu haben, fand ich mich wieder im Dōjō ein, aber beim Umkleiden für den Unterricht merkte ich, dass ich wieder nicht mehr wusste, wie es ging. In diesem Moment zeigte mir ein Unbekannter, der meine Verwirrung und wahrscheinlich auch meine Gefühlslage bemerkt hatte, wie man den Knoten bindet. Ich verstand und war umso glücklicher, als ich wusste, dass ich ohne ihn niemals wiedergekommen wäre …

Dieser Mann blieb mir unbekannt, denn er hörte bald auf zu praktizieren. Ich denke noch oft an ihn, wenn ich mich für den Unterricht fertig mache, und ich danke ihm. Ohne es zu wissen hatte er, genauso wie dieser Freund, der zu mir so positiv vom Aikidō gesprochen hatte, den Grundstein des Gebäudes gelegt, das meine Übung ausmacht. Daher möchte ich Ihnen dieses chinesische Sprichwort weitergeben, das ich mir in Erinnerung an diese Anekdote später zu Eigen machte: »Wenn du mit zwei Personen zusammen bist, wisse, dass eine davon dein Meister sein kann.«

Einige Jahre später war ich 2. Dan im Aikidō und im Besitz eines staatlichen Diploms als Jūdō-, Aikidō- und Karatelehrer sowie Lehrer der Vereinten Kampfdisziplinen und wandte mich vom Jūdō und später Karate ab und vertiefte mich etwas mehr ins Kendō. Aber das Aikidō blieb immer meine Haupt- und auch meine Lieblingskampfkunst.

Als ich ein Nachlassen des Interesses, um nicht zu sagen einen Überdruss an dem mir zur Verfügung stehenden Angebot verspürte, obwohl ich mich mit großem Vergnügen dem Kendō widmete, versuchte ich die Gründe dafür herauszubekommen. Sie waren vielfältig: die dummen Polemiken, die die verschiedenen Ströme des Aikidō in den Jahren zwischen 1965 und 1976 aufwühlten, trugen viel dazu bei. Die Philosophie des Aikidō wurde von vielen Verhaltensweisen, die ich um mich herum beobachten konnte, widerlegt. Die Praxis war dürftig und abstoßend, sowohl durch ihren Zwang, den Mangel an Verschiedenartigkeit als auch durch die Intoleranz, die auf der hierarchischen Leiter von oben bis unten vorherrschte. Die Führer der verschiedenen Gruppen bekriegten sich gegenseitig in der damaligen Presse, und Gerüchte gingen um, die dazu bestimmt waren, die Ehre der einen bzw. der anderen zu beflecken. Auch wenn das missfallen wird, so sage ich es doch, denn es ist die Wahrheit.

Ich war so weit, mit der Praxis aufzuhören, aber meine Verbundenheit mit dem Aikidō drängte mich trotzdem einen Meister zu besuchen, den ich überhaupt nicht kannte, abgesehen davon, dass man mir in den Gruppen, in denen ich verkehrte, das Allerschlechteste über ihn erzählte.

Meine Schlussfolgerung war folgende: ich habe zahlreiche europäische und vor allem japanische Lehrer kennen gelernt, aber nie war ich völlig überzeugt, nie fand ich die authentische Disziplin, in der ich mich wirklich einsetzen konnte. Man sagt so viel Schlechtes über diesen Mann, dass der Grund dafür vielleicht sein könnte, dass er dieses »andere« besitzt. Ich musste das überprüfen, bevor ich aufhören würde.

Ich ging also zu diesem Meister und praktizierte eine Weile mit ihm. Seine Lehre unterschied sich in nichts von der, die ich vorher erhielt, und ich muss sagen, ich frage mich noch heute, was seine Verleumder ihm vorzuhalten hatten – außer, dass er sich nicht ihrer tyrannischen Macht unterwerfen wollte.

In zwei Monaten war meine Entscheidung getroffen: ich höre mit Aikidō auf und setze mich voll für das Kendō ein, und um der Korrektheit willen entschied ich, dies dem Meister mitzuteilen. Er hörte mir zu, schien gelangweilt und sagte dann: »Sie sollten morgen Abend im Dōjō des Schwimmbads Boulogne-Billancourt vorbeigehen. Meister Kobayashi, 8. Dan, gibt eine Unterweisung.« Das hatte bei mir die Wirkung einer Bombe. In 8 Jahren hatte ich noch nie diesen Namen gehört, geschweige denn von einem 8. Dan! Die Verbände dieser Zeit unterhielten schon den Mythos vom spirituellen Sohn, und alle die einzigartigen spirituellen Söhne des Aikidō-Gründers waren höchstens 7. Dan. Zwei Hypothesen boten sich an: entweder hatte man die Wahrheit über Meister, die Schüler des Gründers waren, entstellt, oder Meister Kobayashi war ein mit allen Wassern gewaschener Hochstapler.

Ich beschloss das herauszubekommen, gab am nächsten Tag meine Abmeldung ab und ging zum angegebenen Dōjō. Wir waren bei diesem Unterricht besonders zahlreich. Als Meister Kobayashi eintrat, war ich zutiefst ergriffen. Mein Körper begann gleichzeitig zu frösteln, zu schwitzen und zu zittern. Mein Gehirn verweigerte jegliche Tätigkeit. Meine Worte begrenzten sich auf: »Das ist er« während der Zeit, die er brauchte, um den Raum zu durchqueren und zur Mitte des Tatami zu gelangen. Er schien eine Bildsäule zu sein mit einem gleichzeitig sanften und kräftigen Gesicht, in einem Halbächeln verweilend, das ihm ein priesterliches Aussehen gab; eine Statue, die lief … nein … die dahinglitt auf zwei vollendeten, faszinierenden Füßen voll Leichtigkeit und Stärke. Er erschien mir riesig und weit entfernt.

Er ging wie ein Nō-Tänzer, wie auf dem Wasser, und die Kraft seines Ki war sichtbar, selbst für den Nicht-Eingeweihten. Sein Blick war weit nach vorn auf das Porträt von Ō-Sensei Ueshiba, zum *kamiza*, gerichtet.

Selbstverständlich nahm ich nach diesem Versuch die Praxis wieder auf und begab mich voller Eifer auf die Spuren von Meister Hirokazu Kobayashi, ein Folgen, das erst 15 Jahre später endete.

Heute gehen wir zusammen auf unserem Weg, die Augen auf den selben Horizont, auf das selbe Ziel, gerichtet.

Nie wieder kam die Frage auf, mit der Praxis Schluss zu machen. Ich widme mich seit diesem Moment ausschließlich dem Lernen und dem Lehren seiner Kunst und ihrer Entwicklung in allen Bereichen des aktiven Lebens.

Zehn Jahre nach dieser ersten Begegnung sagte er mir im Vertrauen: »Ich wusste, dass Sie da waren, ich kam Sie zu suchen.« Und so kann ich heute dem Leben dafür danken, diese Begegnung ermöglicht zu haben, und danke, Meister, für Ihre Güte und die Intelligenz Ihrer Kunst, danke, dass Sie zu mir kamen, als ich meinte, zu Ihnen zu kommen.

Ich trage auch immer noch einen Gedanken für diesen Mann in mir, der mir den Hinweis für diese Begegnung gab und dessen in europäischen Aikidōkreisen berühmten Namen ich aus Diskretion verschweige – auch ihm danke ich.

Und zuletzt möchte ich sowohl demjenigen, der mir die enthusiastische Lobrede über Aikidō hielt, als auch dem, der mir den Knoten meines Gürtels schnürte, meine Verwunderung gegenüber dieser fantastischen Organisation des Lebens vermitteln, das aus uns gegenseitige Führer macht.

Mit diesem vorliegenden Buch wünsche ich »derjenige zu sein, der den Knoten des Gürtels bindet«, auf dass jeder auf seinem eigenen Weg gehe.

Die Gegenwärtigkeit des Meisters ist, so glaube ich, unentbehrlich auf dem Weg des Aiki. Ein Buch ist und bleibt ein Wegweiser. Es ist mein Wunsch, dass es Sie zu sich selbst führe, zum inneren Meister, und zuvor, wenn das Bedürfnis danach besteht, zum Meister, jenem Wesen, bei dem es, wenn man Distanz genommen hat, nur mehr um eine Frage der Annäherung geht.

7

Kunst und Kampfkunst

Das Bewusstsein nährt sich von Gewalt,
wenn es nicht von Liebe genährt wird.

Der Wind bläst die Kälte in die Höhle. Der Mann spürt ein inneres Frösteln, ein Frösteln, das schon mehrere Tage andauert.

Er merkt, wie sein Bauch sich zusammenkrampft. Er zieht vergeblich die Klamotten fester um sich.

Die Feuchtigkeit ist langsam hineingekrochen und mit ihr der Tod. Er kennt den Tod, der mit dem Winter kommt. Er hat die Anzeichen seines Kommens gesehen. Die Bäume sind blutrot. Rot und Gold haben sich überall ausgebreitet, doch bald wird nur noch das Weiß und Schwarz bleiben.

Er überprüft die Augen seiner Gefährtin nach ihrer Farbe. Er findet aber nur denselben metallischen Schein, den er in der Tiefe seiner eigenen Augenhöhlen spürt. Sein Schrei ist nicht weit, so wie auch die Bewegung zu ihr hin. Er ist dem Tod schon begegnet.

Gebrüll, Zusammenstoß, zerreißendes Fleisch. So viel Kraft so schnell verbraucht. Er spürt noch das fließende Blut der Bestie, warm, glänzend, beruhigend.

Dieses Leben, das sich wie eine Gewissheit ergoss, erleichterte sein Herz.

Die Wunde hat sich schnell wieder geschlossen – äußerlich.

Er malte den Höhlenlöwen an die Wand.

Nach einigen Tagen wurde dieser wie eine angenehme Anwesenheit, ein Trost.

Dadurch kann er die Wunde innerlich offen halten.

Er lässt die Finger auf dem Fels entlanggleiten und erneut fängt das Blut in ihm zu fließen an.

Dank dieses Vorgangs erinnert er sich wieder: an seine Kämpfe, sein Ausreißen, das Außer-Atem-Sein, und an diesen Lärm, der immer stärker wird in ihm und ständig von derselben

Angst erzählt. Er spürt ein anderes Frösteln aufkommen. Er will sprechen, sich mitteilen. Er kratzt die Kehle des Löwen in die Wand, das Blut rinnt unter seinen Nägeln hervor, und doch kann das Gefühl weder auftauchen noch schweigen, und doch kann das Bild nicht entstehen.

Das Frösteln kommt wieder, beharrlich und hauchdünn. Er schluckt. Der Bauch schmerzt. Er sucht vergebens, dreht sich zu seiner Gefährtin. Er sieht in ihr nur seine eigene Angst.

Er bemächtigt sich seiner Feuersteinaxt und geht hinaus auf die Suche nach dem Wesen, welches das Abbild sein wird.

Das ist die Geschichte all derer, die sich mit der Gewalt konfrontiert sehen.

Wenn er den Hirsch unter seinen Schlägen zertrümmert, dann drückt er eigentlich nur die Liebe aus, die es nicht schafft zu existieren.

Wenn er an der Abbildung des Todes gescheitert ist, an seiner Angst, die ihn mit dem Nahen des Winters überkommt, so bedeutet dies, dass er die Kunst noch nicht beherrscht.

Er hat das Trauma der Begegnung mit dem Löwen veräußerlicht, indem er ihn an die Wand malte, und das ist nicht Kunst, sondern Kampfkunst: die exorzistische Inszenierung von Gewalt.

Er wird außen töten, denn er kann innen nicht verstehen. Das Bewusstsein nährt sich von Gewalt, wenn es nicht von Liebe genährt wird. Gewalt ist immer ein Scheitern der Kunst.

8

Die Kunst des Aiki

Kalt, warm: ihr müsst es selbst ausprobieren.
Zen-Kōan

Der kreative Impuls ist eine Energieströmung die direkt aus den Bewusstheiten der Natur kommt. Die Struktur der Kunst und ihre Erscheinungsform sind eine direkte Ausstrahlung des Bewusstseins der Kultur. Der dem schöpferischen Akt innewohnende Konflikt ist, wenn er vom Bewusstsein des Künstlers als Ausdruck eines universellen Leidens integriert wird, der direkte Ausdruck der universellen Gesamtheit, d.h. des Geistes. Der schöpferische Akt ist der Ausdruck des Leidens des Künstlers an seiner inneren Spaltung und somit nur eine kulturelle Spur, die dazu bestimmt ist, in den Bewusstheiten des Kollektivs zu verschwinden.

Die Kunst als Objekt und das Objekt der Kunst?

Das Kunstobjekt?

Die Kunst als Objekt ist der Ausdruck davon, dass das kollektive Bewusstsein die Spaltung des Künstlers integriert hat. Das Kunstobjekt ist der Ausdruck davon, dass das Bewusstsein des Objekts die Kunst integriert hat, d.h. dass es die natürlichen und kollektiven Bewusstheiten durch die Vermittlung des Bewusstseins des Künstlers wieder vereint hat. Wenn ich sage, dass die Kunst die einzig akzeptable Form der vorübergehenden Entfremdung des Bewusstseins des Individuums ist, dann bedeutet das, dass sie als eine bewusste Leihstruktur angesehen werden kann, da sie a priori die Gesamtheit des natürlichen/kollektiven Bewusstseins, d.h. die Gesamtheit ohne die Individualität objektiviert (dieses »ohne« bestimmt die eigentliche Natur der Individualität, welche das Bewusstsein ist, und dies kann sich nur selbst als Bewusstsein erfassen, wenn es sich mit der Gesamtheit minus sich selbst konfrontiert sieht).

Diese Eingebung: »Das Ganze ist nicht ich, also bin ich das Ganze« entsteht aus den Vektoren: Emotion, Bewusstsein,

Intuition – Spiegelbild der Trilogie aller Bewusstheiten. Zu sagen: »Ich bin nicht mein Bewusstsein« ist der Beginn, es zu sein.

Die Kunst siedelt sich auf diesem Gebiet an, denn sie ist auf natürliche Weise entstanden und antwortet auf kein objektives Kriterium der Notwendigkeit. Sie ist also der Zwischenraum schlechthin zwischen den natürlichen Bewusstheiten und den kollektiven Bewusstheiten und der Raum, in dem das individuelle Bewusstsein sich selbst objektivieren kann.

Vielleicht fragen Sie sich: warum bloß eine solche Vehemenz gegen die dirigierte Kunst, die subventionierte Kunst, die »kontra-natürliche« Kunst? Weil die Kunst das Zeichen des kollektiven Heiligen ist, selbst wenn die Ideologie und die Religion sich diese Funktion anmaßen. Die Verfälschung der Kunst ist, wenn sie eine bewusste Tat mit dem Ziel der Machtergreifung oder der Machterhaltung ist, ein Verbrechen gegen die Menschheit.

Warum sollte man also aus der Kunst keine Religion machen? Habe ich nicht genau das in diesen wenigen Zeilen getan? Ja, warum nicht?

Die Kunst, genauso wie die Seele oder das Bewusstsein, lässt sich nicht nur anhand dessen fassen, was sie nicht ist. Sperren Sie sie in Begriffe ein, und es ist es nicht mehr sie, die Sie eingesperrt haben (es ist die Natur der Kunst, nirgends zu sein und überall, ungreifbar).

Wenn wir es dabei belassen, dann wäre die Kunst des Aiki also nur eine kriegerische Form von Kunst; gleichwohl halte ich die Kunst des Aiki für ein Bewusstsein, welches das spirituelle kollektive Bewusstsein, das Kunst ist, überschreitet, und ich werde darauf genauer eingehen.

Die Kunst im Allgemeinen bringt den Konflikt ins Spiel, der zwischen dem Einzelwesen und der positiven Freisetzung des kollektiven Bewusstseins des Volkes, dem es angehört, existiert.

Die Kunst des Aiki »inszeniert« folgende drei konfliktbeladenen Interaktionen:
- Einzelwesen / kulturelle Gemeinschaft;
- Einzelwesen / Bewusstsein der Natur;
- Bewusstsein der Natur / Bewusstsein der kulturellen Gemeinschaft.

Durch das Spiel des äußeren Kampfes tritt das Einzelwesen in Kontakt mit seinem inneren Konflikt Körper/Geist, sprich: Bewusstsein des Individuums/Bewusstsein der Natur.

Dieser Konflikt wird durch den Kampf veräußerlicht und polarisiert die Gewalt, die mit dem Ausdruck oder der Hemmung der Dualität einhergeht und ermöglicht dem Bewusstsein, das ihn aussendet, seine eigene Spaltung zu objektivieren.

Dadurch wird es zu einem vereinten Bewusstsein, d.h. es wird sich seiner Spaltung bewusst und erkennt durch die Integration seiner eigenen Struktur sofort seinen Ursprung.

Es weiß um seine Spaltung, weil es zwischen seiner Erinnerung an die natürlichen Bewusstheiten (die mit seiner körperlichen Zugehörigkeit verbunden sind) und seiner Erinnerung an die kollektiven Bewusstheiten (die mit seiner psychischen Struktur verbunden sind) geteilt ist. Die Verpflichtung, sich anhand des zum Ausdruck gekommenen Kampfes zu harmonisieren, zeigt ihm seine unbewussten Seiten auf: das kollektive menschliche Unbewusste, das in der Beziehung als Gewaltauslöser agiert und das natürliche Unbewusste, das ihm durch seine Verbindung zum Wesentlichen die Harmonie auferlegt.

Somit ist die Aiki-Handlung stimmig, wenn sie nicht mehr die Manifestierung der anarchischen Freiheit des mentalen, triebhaften oder affektiven Individuums ist noch die der kollektiven Bewusstheiten (Recht, Moral, Kultur usw.), noch das Verschwiegene der natürlichen Bewusstheiten, die von den menschlichen Abhängigkeiten unterdrückt werden, sondern das ausgewogene Produkt ihrer Konflikte, d.h. die Bewegung, die dazu fähig ist, deren destruktive Gewalt zu absorbieren.

Die Hauptmerkmale dieser Aiki-Kunst sind folgende:

• die natürliche und nicht kulturelle Ästhetik (weswegen es weder Stile noch Formbeispiele geben kann);

• die totale Wirksamkeit, der Sieg aller Protagonisten (anstatt der Unterdrückung der einen durch die anderen);

• die somit erschaffene Bewusstseinsleere, welche aus der Gewalt das macht, was die Antimaterie aus der Materie macht. Die Leere bleibt für das Bewusstsein fähig die Gesamtheit zu objektivieren und damit eingeschlossen auch sein eigenes erscheinendes Medium: die Kunst.

Der Aikidōka erklärt sich als frei, und weil er es ist, kann er die Bewusstheiten des Kollektivs reintegrieren. Die universelle Liebe, deren Erfahrung der Aikidōka in der Harmonie der Aiki-Handlung macht, ist tatsächlich selbst der Ausdruck der Spaltung von Wesen und Erscheinung.

Die universelle Gesamtheit ist die Wiedervereinigung des Wesens und der Erscheinung in einem geteilten Bewusstsein, welches sich seiner Teilung bewusst ist.

Der Aikidōka weiß durch seine eigene Erfahrung der Teilung, dass die Liebe die freiwillige Entäußerung seiner Freiheit ist. Also erkennt er sich als frei und gibt einen Teil seiner Freiheit dem Mitgefühl, so wie das Wesen sich der Erscheinung entäußert hat. Somit lebt das Individuum innerhalb der Bewusstheiten des Kollektivs, es lebt in der Gesellschaft, und diese ist sein Platz.

Das Problem, dem es begegnet, ist heutzutage auch ein Problem, dem viele Kinder begegnen: die Umkehrung der Rollen. Das Individuum ist ein Elternteil des Bewusstseins des gesellschaftlichen Kollektivs und nicht dessen Kind. Das Individuum erschafft dieses Kollektiv, und solange diese Erschaffung unbewusst ist, bleibt dieses Kollektiv unreif, und diese Erschaffung bleibt solange unbewusst, wie das Individuum sich nicht selbst bestimmt und definiert, solange es unfrei ist.

Es ist nicht die Aufgabe des Kollektivs, an Stelle des Individuums zu denken, sondern umgekehrt. Es ist nicht die Aufgabe des Kollektivs, sich um die Freiheit zu kümmern, sondern die des Individuums. Sie, Individuen, seien Sie Väter der Gesellschaft. Sie haben die Autorität über sie. Die Mutter des »Kindes der Gesellschaft«[32], das ist die Gesamtheit der Naturbewusstheiten.

Allerdings ist die Gesellschaft heutzutage ein Waisenkind, die Bewusstheiten der Natur sind weit zurückgedrängt, von der Materie bestimmt, und die Individuen werden vom hysterischen Kind der Gesellschaft terrorisiert.

---

32 Der Autor spielt mit diesem Ausdruck darauf an, dass wir Individuen auch als Erwachsene noch immer Kinder sind und uns von der Gesellschaft bemuttern lassen. (Anm. d. Übers.)

Ja, der Einzelne muss einen Teil seiner Freiheit abtreten, um in Einklang mit dem Kollektiv zu leben, dem er angehört, aber es ist seine Sache, den Weg dieser Entscheidung zu beschreiten. Dann würde das Kind der Gesellschaft nicht mehr an einer Vernachlässigung leiden und bräuchte die Menschen, die Existenz an sich, nicht mehr mit seinen unterdrückenden Gesetzen, seinen Drohungen, Erpressungen und Anklagen zu tyrannisieren.

Aber das Individuum, das selbst nur allzu oft von unreifen Eltern stammt, von spirituellen Waisen, wird sicher nur diese Umkehrung kennen. Wenn heutzutage unsere Kinder Träger von so viel Gewalt sind, dann kommt das daher, dass wir uns geweigert haben, selbst unsere eigene Gewalt anzuerkennen und anzugehen. All unsere Verantwortungslosigkeit besteht darin, dass wir die Gewalt auf das Kollektiv, den anderen, das Anderswo, abwälzen. Jeder muss seinen Teil davon übernehmen.

Die Kunst ist dieses natürliche kollektive Bewusstsein, ein polygenes Bewusstsein, Zwitterbewusstsein, dazu fähig, die Gewalt, die das Kollektiv dem Individuum antut, zu objektivieren. Die Kunst des Aiki ist dieses dreidimensionale Bewusstsein, welches dazu fähig ist, die Gewalt zu objektivieren, die die menschlichen Kollektive den gesamten Bewusstheiten der Natur antun und damit auch den menschlichen Kollektiven, die durch ihr Menschsein eine unbewusste Ausstrahlung dieser Bewusstheiten der Natur sind.

Man verstümmelt heutzutage die Materie, indem man ein Sammelsurium an Objekten fabriziert, die erst seit ungefähr 30 Jahren in einer Welt existieren, die seit mehreren Millionen Jahren besteht und die uns trotzdem unabkömmlich erscheinen. Welch eine Qual für das Individuum, dabei zuzusehen, wie eine affektive Erpressung rund um eine nicht vorhandene gesellschaftliche oder familiäre Übereinstimmung ausgeübt wird, deren Hauptmerkmal in der Verpflichtung besteht, zu einem materiellen Bewusstsein, einem objektorientierten Bewusstsein zu regredieren. Ich wollte in dem Buch *Der philosophierende Körper* unsere bewussten Interaktionen mit der Materialität herauskristallisieren und aufzeigen, inwiefern ein materielles oder begriffliches Objekt ein ihm eigenes Bewusstsein besitzt, welches danach strebt, sich auf Kosten unseres Bewusstseins zu ätherisieren. Deswegen greife ich so vehement die Religionen und Ideologien an, die immer eine Versteinerung des Denkens sind, die aus der sensibelsten aller Energien, nämlich der spirituellen Energie, ein Objekt machen, also ein unersättliches Bewusstsein.

Die Psychologen haben die Stimme des Kollektivs am Anfang dieses Jahrhunderts aufgenommen und uns gezeigt, dass die individuelle Entwicklung ein Kampf ist, den der Einzelne führt, um sich von der materiellen und familiären Struktur abzulösen.

Ich sage Ihnen, dass die Funktion des menschlichen Bewusstseins darin besteht sich von der Materie abzulösen, vom materiellen Bewusstsein, welches bestrebt ist sich dieses wieder einzuverleiben, und zwar mittels des kollektiven Bewusstseins, so wie die Mutter eine freie psychische Entwicklung ihres Kindes einschränkt, indem sie sich auf das familiäre Bewusstsein stützt.

Die Kunst des Aiki sagt Ihnen: »Sie sind kein Kind der Gesellschaft, sondern ihr Vater.« Das Vaterland und nicht das Mutterland. Das Vaterland ist zuallererst die Ansammlung der Väter und dann die der Gleichgesinnten. So etwas wie dass »allons enfants de la patrie« aus der Marseillaise, der französischen Nationalhymne, muss aufhören, denn es ist falsch. Die Aiki-Kunst sagt Ihnen: »Stellt die Bewusstheiten der Natur in ihrer Mutterrolle wieder her.«

Sicher, das Königreich des göttlichen Rechts hatte seine Fehler, die mit denen unserer Regierungen vergleichbar sind, aber es trug noch die Spuren der Mutter Natur. Ich sage damit nicht, dass man zur Vergangenheit zurückkehren sollte, sondern dass man eine Lehre aus den gemachten Erfahrungen ziehen muss. Göttliches Recht oder Recht der Massen: es ist immer Willkür, Eigenmacht, Gewalt, Unterdrückung.

Das einzig akzeptable Recht ist das Nicht-Recht. Wenn Sie als Individuen bitte die Rolle der Wächter der Integrität übernehmen wollten – nicht ausschließlich der Ihren, denn das wäre die Verneinung der Andersartigkeit, sondern die aller. Die Andersartigkeit, die in Ihnen objektiviert ist, wird die kollektiven Bewusstheiten, Ihre Kinder, zu einem friedfertigen und schöpferischen Denken führen, in dem Diskriminierung und

Verurteilung nicht mehr vorhanden sind – nicht etwa abgelehnt, sondern vergessen. Also, nehmen wir kein Blatt vor den Mund. Nieder mit der Verneinung der Rassenunterschiede, die die Rassen töten. Und genauso mit den Kulturen und Traditionen und den Religionen und den Ideen: Unterschiedlichkeit, Unterschiedlichkeit, Unterschiedlichkeit … Ja, akzeptierte und nicht zurückgewiesene Unterscheidung.

Der Rassismus im negativen Sinn des Wortes existiert, weil er von den kollektiven Bewusstheiten unterstützt wird, die den Unterschied nicht wahrhaben wollen. Haben wir alle dieselben Gefühle, dieselben Ideen, dieselben Erwartungen? Was wäre dann der Sinn der Vielfältigkeit?

Das Vielfache für die Verschiedenartigkeit, das Eine ist die Unterscheidung. Das ist das Gegenteil von dem, was man uns sagt: gründen Sie sich auf ein Kollektiv, werten und verurteilen Sie den Unterschied, der Sie dem Tod nahe bringt und den Bewusstheiten der Natur.

Jeder weiß, spürt, denkt, dass sich hinter dem absoluten Unbewussten, der absoluten Desorganisation, die Gewalt verbirgt.

Also ziehen wir Religion, Regierung, Kultur trotz ihrer Fehler der Anarchie vor, gesetzt den Fall, dass die Anarchie etwas anderes wäre als ein absolut unerreichbares Ideal der individuellen Freiheit.

Die Anarchie ist selbst ein Produkt der menschlichen Kultur, die sich nicht von den Interaktionen des kollektiven Bewusstseins/Bewusstheiten der Natur ablösen kann. Und trotzdem ist sie ein starker Ausdruck des individuellen Bewusstseins und zeigt sich als eine innere Notwendigkeit für die Entwicklung des Konflikts Mental/Körper.

Dieses »ich bin absolut frei«, frei von allen äußeren Zwängen, ist sicher eine Utopie, aber eine schöpferische Utopie und für das Individuum und das Kollektiv dynamisierend. Sie ist das spontane Emporsprießen der Lebensenergie im individuellen Bewusstsein als die Verbindung zwischen dem Wesen und der am weitesten entwickelten Form des universellen Bewusstseins.

Diese Suche – diese Notwendigkeit – der Freiheit ist für das individuelle Bewusstsein sein Mittel der Erneuerung: so wie der verletzte Körper auf natürliche Weise heilt, so wie das physische Lebewesen danach strebt sich weiterzuentwickeln (von der Kindheit zum Erwachsenenalter heranzuwachsen, sich weiterzubilden usw.). Das individuelle Bewusstsein erneuert sich durch seine Konfrontation mit der Freiheit, das bedeutet, es ist die Sicht, die das Bewusstsein auf die Gesamtheit hat und ihre Einzigartigkeit, die ihm Energie und Antrieb geben. Deswegen meine ich, dass alles, was diese Bewegung verhindert, schädlich ist. Allen voran die Ideologie und Lehre, denn sie verbieten das Denken außerhalb ihrer selbst. Sie sind der Tod des individuellen Bewusstseins, das sich dabei im Kampf gegen sich selbst verausgabt und sich nicht wieder erneuern kann.

Die Notwendigkeit einer erst internen und dann externen Struktur drängt sich dem Individuum im Rahmen eines Gruppenlebens auf. Sie ist der Ausdruck des kosmischen Bewusstseins, das darin das Mittel seiner eigenen Objektivierung sucht.

Ich finde diese natürliche Gabe, diese Neigung zur Freiheit, die dem Mensch eigen ist, wundervoll. Sie ist der einzige wahre Unterschied zum Tier. Diese Freiheit ist auch der Ausdruck der Entwicklungsbewegung des Bewusstseins des Universums.

Man muss die Geschichte der Welt noch einmal durchlaufen, um anhand der Entwicklung der schönen Gesamtheit das wieder zu finden, was man als »Freiheit« bezeichnet.

Wenn das Individuum, so wie auch die uralten Atome, tatsächlich ein Clynamen[33] besitzt, dann deshalb, weil dieses Clynamen die wahre Natur der universellen Ganzheit ist.

Wenn sich, sobald wir in einer Gruppe sind, die Notwendigkeit der Organisation aufdrängt, dann liegt das daran, dass wir die individuelle Standortbestimmung der Seele wahrnehmen und dass die »Monaden« Individuen untereinander agieren. Gerade das ist das Merkmal des Menschen schlechthin, denn bei anderen (mineralischen, pflanzlichen, tierischen)

---

33 Neigung oder Abweichung, durch die, nach der Vorstellung von Lukrez, die Atome zu einer spontanen Änderung der eigenen Richtung fähig sind und somit nicht der notwendigen Kausalkette gehorchen.

Bewusstheiten gibt es nicht diese Wechselwirkung zwischen den Subjekten einer selben Wesenheit, außer es sei in einer Art und Weise, die mit der Struktur der Wesenheit selbst übereinstimmt.

Deshalb hat das menschliche Kollektiv die Tendenz, dieses Modell, dessen Erinnerung in ihm steckt, wieder zu verwenden und macht aus dem Individuum ein Element, das innerhalb des Rahmens konform agiert. Somit ist die Organisation, die jeder akzeptiert, eine Verteidigungshaltung des Individuums, das einzig seine Einheit, die durch seine Freiheit bestimmt ist, wahrnimmt, und diese Einheit wird durch den Austausch mit anderen Einheiten bedroht.

Diese Wechselwirkungen nennt man Liebe, wenn sie für die betroffenen möglich und nicht entfremdend sind. Sie sind eine Notwendigkeit der Raum-Zeit.

Die Wechselwirkungen zwischen Bewusstsein des Individuums und kollektivem Bewusstsein sind immer entfremdend, zumindest vorübergehend, und das ergibt sich aus der Tatsache, dass das Bewusstsein des Individuums sich selbst mittels kultureller Medien begreifen muss, also kultisch oder ideologisch. Die Wechselwirkungen zwischen den kollektiven Bewusstheiten sind immer gewaltsam für die Individuen, denn sie spielen sich immer auf einer elementaren Beziehungsebene entweder der Beeinflussung oder der Rivalität ab.

So ist auch der wirtschaftliche oder sportliche oder kulturelle Austausch zwischen den Ländern nichts anderes als der unbewusste Versuch der Machtergreifung, also der versteckten Gewalt.

Ich würde hier noch hinzufügen, dass die Kultur im Allgemeinen immer Gewaltsamkeit im Sinn von Zwang ist, den man dem Individuum antut. Er gehört dem Bereich an, in dem man das Ziel und die Mittel verwechselt. Die Unfähigkeit des Bewusstseins seine eigene Dualität zu objektivieren zwingt es dazu, diese Dualität zu projizieren und dazu, das beobachtete Objekt mit der Beobachtung seiner Beziehung zu diesem Objekt zu verwechseln.

Folglich sollte die Kultur als Lehre oder Ideologie, wie der Weg oder der Meister, eine Übergangsstruktur sein, ein entliehenes, externes Bewusstsein, um zu seinem eigenen

Bewusstsein zu gelangen. Stattdessen wird sie aber die zu erreichende Sache und folglich ein Schaden.

Heutzutage antwortet der kultivierte Mensch auf Codes, auf Normen. Der Kodex findet in der kulturellen Handlung statt. Der Mensch nimmt ihn an und das wird zum Zeichen seiner Angehörigkeit zu dem, was die Kultur als kollektive Wesenheit zu besitzen vorgibt: das Wissen, die Kunst, das Seiende. Wer den Kodex nicht kennt, ist ein Barbar. Das ist ein Infantilismus, dessen sich jegliche Organisation der Kultur bedient. Es gibt nur eine wahre Form der Kultur – die Freiheit –, nur einen Zugang zu dieser – die Selbsterkenntnis –, und verschiedene Einstiegsmöglichkeiten zur Selbsterkenntnis: die Kultur, die Religion, den WEG usw. – wenn diese Möglichkeiten nicht an die Stelle des Zieles treten, nämlich dass das Bewusstsein sich selbst erkennt.

So wie die Seele auf den Körper getroffen ist, so muss das Bewusstsein auf die Seele treffen. Alles was sich dieser Vereinigung widersetzt, trägt den Namen Tod. Alle Möglichkeiten und Mittel dieser Vereinigung sind zweideutig. Die Kultur ist wie viele andere Wesenheiten: ein blinder Passagier einer spirituellen Reise, wobei sie doch die Funktion eines Transportmittels hat.

Wenn Peter Brook vom »Theater der Bourgeois« spricht, so applaudiere ich. Alles was sich »Kultur« nennt, ist immer »bourgeois« im abwertenden Sinn des Wortes und ohne gesellschaftliche oder politische Nebenbedeutung gemeint.

Aikidō stellt uns ein Mittel zur Verfügung, um uns in der Geschichte der Welt wieder vor die Erscheinung der Bewusstheiten, an den Punkt der wechselseitigen Entstehung des Zeit-Raumes zu platzieren. Dieses Mittel heißt *aikiken*[34] und *aikijō*[35]. Die Technik wurde einer solchen Läuterung und Reinigung von jeglichen Spuren der Geschichte unterzogen, dass sie der direkte Ausdruck des raum-zeitlichen Bewusstseins wurde.

---

34 Praxis des Schwertes (wörtlich: Harmonie-Energie-Schwert)
35 Praxis des Stocks (wörtlich: Harmonie-Energie-Stock). Für diesen Ausdruck wie auch für *aikiken* kann man sagen: »die harmonisierten Waffen«.

Wir beziehen uns darauf, wir sind wie Adam, der die Existenz entdeckt, oder wie Gott, der sie erschafft.

Anhand des *aikijō* beobachten wir die spiralförmigen Bewegungen des Universums, die Gesetze seiner Fortbewegungen und die zeitlichen Aktionen.

Anhand des *aikiken* modifizieren wir sie nach unserem Gutdünken. Dass wir diese Fähigkeit besitzen, liegt an der besonderen Natur der Bewegung, welche frei ist. In der Tat ist die Bewegung, durch die bewussten Wesenheiten innerhalb des Bewusstseins des Universums erschaffen, der Ausdruck von deren Freiheit. Es gibt keinen Fatalismus der universellen Entwicklung, und es gibt keinen Zufall. Wieder das Clynamen!

In Wirklichkeit ist das Bewusstsein des Universums ein Nomade, so wie auch die Gegenwart ein Nomadentum der Zeit ist. Ja, erlauben Sie mir dieses Wortspiel: »Die große Monade ist ein Nomade.«

9

Der schöpferische Konflikt
Das Konzept

»Die Wahrheit lässt sich nur
durch das Verständnis der Gegensätze erfassen.«
Laozi

Der in Erscheinung getretene Konflikt – ob kollektiv oder individuell – ist immer Ausdruck eines inneren Konflikts.

In ihrem natürlichen Zustand sind die Gegensätze Ausdruck der vollkommenen Harmonie.

Die negative Meinung, den wir in Bezug auf den Konflikt haben, entsteht aus der Angst davor, Gewalt zum Ausdruck zu bringen. Wir können jedoch unseren inneren Konflikt und seine potenzielle Gewalt nicht überwinden, indem wir ihn ableugnen. Die Suche nach einem absolut wirksamen Angriff führt uns dazu, ihn von jeglicher Emotion und Aggressivität zu befreien. Dann verstehen wir nämlich, dass die Gewalt des Konflikts nicht im Angriff selbst liegt, sondern in der Tatsache, dass er nicht überwunden wurde. Gefühle werden dann erzeugt, wenn es einen Zwiespalt zwischen den zu lebenden Situationen und unserer energetischen Bereitschaft gibt.

Aggressivität entsteht aus Angst, und diese entsteht aus Mangel an Energie (übersetzen wir dies mit Mangel an Liebe).

Hier müssen wir den schöpferischen Konflikt ansprechen. Das Aikidō ergreift den Konflikt als eine Möglichkeit zur Kreativität. Der Aikidōka strebt nach Sympathiebeziehungen mit dem Angreifer, er strebt danach, ihn zu kontrollieren, ohne ihn zu verletzen. Der Aikidō-Experte verwandelt die Angriffsintension in eine Kommunikation, indem er »das Herz des Gegners verändert« (»*aite no kokoro kawaru*«), wie Kobayashi Sensei sagt.

Die Angriffsenergie, die zur Zerstörung verwendet werden könnte, wird in einen Akt des »Miteinander-Schöpfens«

verwandelt. Die Tatsache, dass man den Konflikt einzig in seinem negativen Aspekt begreift, liegt in der Angst vor der potenziellen Gewalt begründet, die allen Energiequellen eigen ist.

Beispiele: Die Gewalt eines Vulkanausbruchs, einer Überschwemmung, eines Wirbelsturms usw. Aber wie beurteilen Sie die Gewalt einer Mutter, die ihr Kind vor einer Gefahr verteidigt? Die Gewalt eines Mannes, der die Freiheit, an die er glaubt, verteidigt? Ist das Liebe?

Die Vorstellung des Mit-Schöpfens, sei es in einem menschlichen oder kosmischen Konflikt, antwortet auf die Tendenz des Lebens zur Vielfalt, zur Weiterentwicklung, zur ständigen Veränderung und Anpassung, die das eigentliche Leben ausmachen.

Wenn wir sagen, dass die Vielschichtigkeit des Lebens das Leben ist, dann sagen wir auch, dass das Leben ein Stadium durchläuft, in dem es sich seiner selbst bewusst wird.

Der »Mit-Schöpfer«, der sich mit dem Herzen seines Gegners verbindet, ist der Mit-Schöpfer, der sich mit dem kosmischen Herzen verbindet. Unsere Zellen empfinden und empfangen den Pulsschlag des Universums und vereinen sich mit ihm.

Das Individuum auf dieser Erde ist kein isoliertes Wesen, sondern ein Teil des Ganzen, wenn nur sein Bewusstsein sich entwickelt von »Ich und der Rest der Welt« zu »Mensch, ich, der sich durch seine Existenz und Arbeit verwirklicht und das Universum befruchtet«.

Tatsächlich ermöglicht es das geistige Bewusstsein dem Menschen nicht, die kosmische Raum-Zeit zu erfassen, der Mensch kann jedoch durch seine Zellen, durch seine Atome ausstrahlen. Die Dynamik des Menschen kreiert Zeit-Räume, die sofort ins Universum integriert werden; das heißt, dass der Mensch, der sich ausdrückt, sich auch weiterentwickelt, Energie produziert und durch diese Energie die universelle Wesenhaftigkeit erscheinen lässt.

Wenn es dem Menschen gelingt, sein Bewusstsein so weit zu entwickeln, dass seine externe und interne Energie sich harmonisieren, dann entsteht das positive Denken, das Werkzeug des Schöpferischen, das Tor zum Glück, zur

Harmonie, Vollendung, Tugend und zum Frieden. Der Mensch entwickelt durch sein zelluläres Denken selbst seine eigenen Lebensbedingungen. Die Menschheit ist das Bewusstsein des Kosmos – und die Herstellung des Gleichgewichts zwischen Materie und Energie im Universum läuft durch das Bewusstsein des Menschen.

Der Sinn menschlichen Daseins bzw. unsere Aufgabe besteht darin, die Dualität Körper/Geist zu mindern. Nicht etwa, um dadurch die Kontrolle über unser Leben als eine Form der Macht unseres geistigen Bewusstseins über unser Schicksal zu erlangen, sondern um aus unserem Körper/Geist-Sein den Boden zu bereiten, der das Göttliche empfangen kann.

Das kosmische Unbewusste

Die Dreieinigkeit »geistiges Bewusstsein des Individuums, Bewusstsein des Geistes aller Menschen und zu Tage getretenes Bewusstsein des Kosmos« hat das individuelle Unbewusste als Echo. Die Summe des gesamten individuellen Unbewussten ist die Vorahnung von Gott.

Um es deutlicher zu sagen: Das Bewusstsein des Kosmos ist sowohl erscheinend als auch wesenhaft. Es schließt die mineralische, pflanzliche, tierische und menschliche Existenz mit ein und es äußert sich im Individuum durch sein Unbewusstes.

Das Unbewusste des Kosmos beruht auf der Unfähigkeit des Menschen sich mit dem Nicht-Geäußerten wieder zu vereinen sowie in seiner Wahrnehmung eben dieser Unfähigkeit. Das ist die Vorahnung von Gott.

Das heißt mit anderen Worten, dass das Unbewusste vom Bewusstsein wahrgenommen wird und dass kein Gegensatz zwischen dem Zeichen und dem Zweifel besteht, kein größerer als zwischen dem Unbewussten und dem Bewussten. Das eine gliedert sich in das andere ein, wenn man nur mit dieser Denkweise »der Länge nach« aufhört, die ich als »Oppositionsdenken« bezeichnen würde.

Das Denken ist das ausgeglichene Ergebnis des Bewusstseins, der Gefühle und der Hemmung. Seine Äußerung entsteht durch eine äußere Stimulierung, unabhängig vom

Individuum und dem Leben entsprechend. In der Vergangenheit würden wir von »Gelebtem« sprechen, in der Zukunft vom »Projekt« und in der Gegenwart von göttlicher »Vermutung«. Die Gegenwart ist die Zeit der Einweihung, der Initiation.

Das Denken vollzieht sich durch die fünf Sinne. Weil man sich differenziert (»man« bedeutet hier unser Bewusstsein als individuelles Wesen), erscheint daraufhin das Licht.

Um zu erschaffen, muss man den Blick dem angeschauten Objekt gegenüberstellen. Um zu hören, muss man das Gehör dem Gehörten gegenüberstellen. Um zu spüren, muss man das Anfassen dem berührten Objekt gegenüberstellen usw.

Die Ganzheitlichkeit, das Verständnis im etymologischen Sinn, durchläuft zunächst den Prozess der Differenzierung, die wiederum nur möglich ist, wenn wir uns als individuelles Wesen begreifen.

Das Denken ist lebendige Materie und es entwickelt sich aus sich selbst heraus. Es ist die stärkste Äußerung unseres Lebensbewusstseins, aber es ist auch die lebendigste und dynamischste Äußerung des Todes. Es ist notwendig, dieses dritte Element, nämlich das Göttliche, mit einzuführen, um von dem – wie ich es nenne – »Längengrad-Bewusstsein« zum ganzheitlichen Bewusstsein zu gelangen, was ich »kugelförmiges Bewusstsein« nenne. Die Vertikalisierung des Denkens entsteht durch die Zuhilfenahme einer senkrechten Dimension, die erst das Denken in einer kreisenden Spirale möglich macht.

Die Intuition, die Vorstellungskraft und die Erleuchtung sind drei tief verwurzelte Sinnesorgane. Sie können nur dann auftauchen, wenn der gedankliche Rahmen selbst nicht mehr vom Kosmos abgespalten ist, sondern den Kosmos ganz in sich aufnimmt.

Im irdischen Leben eines Menschen gibt es mindestens drei Erlebnisse, die ihn mit dem göttlichen Leben verbinden: die Zeugung, die Geburt und der Tod. Der Tod ist das einzige dieser Ereignisse, das dem geistigen Bewusstsein des Menschen zugänglich ist. Tatsächlich gibt es weder bei der Zeugung noch bei der Geburt das Bewusstsein davon, gezeugt oder geboren zu werden, während das Bewusstsein sterblich zu sein sehr schnell in unser Leben tritt.

Unsere dualistische Ära hat Leben und Tod einander so weit gegenübergestellt, dass man aus dem Tod ein Ereignis außerhalb des Lebens, nach dem Leben gemacht hat. Eigentlich gibt es nach dem Leben nur das Leben. Das Leben bezieht den Tod mit ein. Man kann beide einander nicht entgegensetzen.

Wenn man den Tod betrachtet, wird man gewahr, dass die Materie, die unseren Körper bildet, vergeht, aber nicht stirbt. Ihre Struktur verändert sich, die Zellen unseres Seins entwickeln sich, aber es gibt keinen Tod unseres chemischen Inneren.

Wenn man die Existenz des Geistes anerkennt, dann geht man ebenso von seiner Unsterblichkeit aus. Was stirbt also? Ō-Sensei Ueshiba sagte immer: »Der Tod ist eine Illusion, die nur durch das Bewusstsein, dass wir leben, existieren kann.«

Der Tod und das Leben sind nicht verschieden. Wir wurden geboren, ohne es zu wissen, wir wurden gezeugt, ohne es zu wissen (»wissen« ist hier im gewöhnlichen Sinn gemeint).

Wenn man heutzutage annimmt, dass gewisse Traumata, die unser tägliches Verhalten beeinflussen, von Ereignissen aus der Zeit unserer Geburt oder aus der Zeit im Mutterleib herrühren und man damit auch einen Prozess der geistigen Regression einbezieht, der diese genannten Ereignisse reaktualisieren soll, dann ist damit die Vorstellung eines linearen Zeitbegriffs schon infrage gestellt.

Tatsächlich sind die gegenwärtigen Äußerungen einer traumatischen Vergangenheit der Ausdruck dieser Vergangenheit in der Gegenwart, das Einbezogensein der einen Zeit in die andere. Die Vergangenheit liegt nicht hinter uns, sie ist hier, im Augenblick. Die Psychologie hat, vielleicht ungewollt, diese Idee vorangetrieben. Das Trauma ist ein Moment, der nicht sterben will.

Die Geburt setzt die Dualität Leben/Tod in Gang. Weil wir geboren werden, sind wir sterblich, tauchen auf und verschwinden deshalb auch wieder ...

Die Menschen haben seit Jahrhunderten versucht das Geheimnis des Todes zu ergründen und ihn zu besiegen. Wenn man die religiösen Mythen betrachtet, so vergegenwärtigen sie sich alle die menschliche Sterblichkeit, indem sie das Göttliche in ein Paar von Körper und Geist trennen, in zwei Elemente, Materie und Nichtmaterie. Aber die Geburt geht von der Handlung der beiden vereinten Elemente aus.

Mann und Frau vereinigen sich zur Fortpflanzung, Himmel und Erde vereinen sich, um das Leben zu erzeugen, Feuer und Wasser vereinen sich, um das Leben weiterzuentwickeln. Das Leben entsteht immer durch die Vereinigung der Gegensätze. Man kann alles dem Tod entgegensetzen, den Tod selbst mit inbegriffen, aber dem Leben kann man nichts entgegensetzen.

Ō-Sensei Ueshiba sagte, dass man immer in der Geburt leben muss, denn dort findet man die meiste Energie. Weil wir uns der Zeugung und Geburt nicht bewusst sind, siedeln wir den Tod im Unbekannten an. Durch seine Unüberwindbarkeit stellt er das absolute Hindernis dar, ist er der Archetyp aller Gesetze.

Das Bewusstsein ist es, das am Ursprung der Schöpfung stehen muss, an der Morgendämmerung der Bewegung.

Körper / Geist?

Wenn man das Aikidō-Training beobachtet, dann begegnet man dort dem, was sich äußert, und dem, was sich nicht äußert. Das innere Aufsteigen der Bewegung ist nicht sichtbar.

Was ist ein Angriff? Eine Masse an Materie, die durch die mit der Angst verbundenen Spannungen verdichtet wird und die man durch sein Aufnahmevermögen und seinen Atem auflösen muss. Man muss also mehr Energie aufbringen als Materie, um den Angriff zu zerstreuen, denn dieser richtet sich auf das, was dicht und fest ist.

Wenn der Angriff ausgeführt wurde, dann ist *irimi*[36] der harmonische Begegnungspunkt mit unserem Leben, indem er den Tod als initiatisches Ereignis mit in sich aufnimmt. Wenn der Angriff erzeugt wird, dann ist *furi-komi*[37] der Punkt, an dem wir uns mit der eigenen Geburt in Einklang bringen.

36 Technik, die es ermöglicht, die räumliche Kontrolle der Aktion zu erlangen.
37 Prinzip, welches die Kontrolle der Aktionsdauer ermöglicht.

Wenn der Angriff noch nicht erzeugt wurde, ist *katsu-hayabi*[38] die göttliche Handlung, die die beiden Elemente Leben und Tod vereint und sich ausschließlich im Leben manifestiert, Leben, das jedoch die Vorstellung seiner Beendigung nicht mit einschließt.

Katsu-hayabi, der »Todverkörpernde« (*uke*) ist seinerseits auch auf der Seite des Sieges. Das ewige Leben bleibt nicht länger nur eine Idee. Dieser Moment von *katsu-hayabi* entspricht einer Verbindung mit der kosmischen Energie, in der uns der göttliche Atem zum Leben erweckt und in uns eingeht (der Moment der Zeugung).

Sollte ich sagen, dass das Aikidō uns eine körperliche Praxis der Spiritualität liefert, indem es unseren Körper nach und nach von dem Zustand der organischen Materie zum reinen Geist erhebt? »Wenn der Geist die Materie zum Leben erweckt, dann ist das ein Meisterwerk, ein Wunder, wenn aber die Materie den Geist ins Leben ruft, dann ist dies das Wunder der Wunder« (Hl. Simeon).

Tatsächlich hat uns das Zeitalter der Dualität dahin gebracht, den Körper seiner unreinen, materiellen Seite wegen abzulehnen. Ō-Sensei zeigt uns durch die Übung des *Aiki*, dass der Geist der Körper ist und, dass unsere Aufgabe in seiner Erhebung besteht, indem wir in ihm unser Auffassungs- und damit unser Gestaltungsvermögen weiterentwickeln.

Der »Lebenverkörpernde« (*shite*) ist das Zutagetreten des irdischen Lebens, das durch die Anwendung des Aiki-Prinzips die Einheit von *uke-seme*, »Lebenverkörpernder – Todverkörpernder«, erschafft, als Ausdruck des ewigen Lebens, als Anwendung des Prinzips, das durch die Einheit zum kosmischen Atem führt.

Der Eintritt ins Glück kennzeichnet durch das Verlieren der Ängste, durch das Vergessen der Verteidigungshaltung (und damit der Gewalt) den Weg zur Überwindung der Dualität Leben/Tod, sodass nur mehr die höhere Vorstellung von der Einheit dieser beiden Elemente bestehen bleibt, die das ewige Leben zu Stande kommen lässt.

---

38 Prinzip, welches die Aktionskontrolle außerhalb von Zeit-Raum ermöglicht.

Das Aikidō bezieht den Körper in die Spiritualität mit ein und ersetzt eine rituelle Praxis (die, selbst wenn sie sich an unser Unbewusstes wenden würde, für ihre Verwirklichung den Weg über den dichten Teil unseres Bewusstseins nähme) durch die vollständige Verbindung unseres Körpers und unseres Geistes. Es ist die Harmonisierung der Energie durch die Liebe von Ō-Sensei Ueshiba: »Schließen Sie Ihren Gegner in Ihr Herz«.

In Wirklichkeit entwickelt sich das Bewusstsein zu der Wurzel (Geburt und dann Befruchtung) hin, während das Leben immer komplexer wird – die Schwierigkeit besteht darin, dass Geburt und Zeugung sich mit dem Dualitätsbegriff nicht in Übereinstimmung bringen lassen und dass allein der spirituelle Weg das Leben offenbaren kann, wenn der Tod von diesem nicht mehr der »in Erscheinung tretende Körper« ist.

Der Tod, der Schatten des Lebens, wie der Körper, der Schatten des Geistes?

Nichts lässt sich dem Licht entgegensetzen! »Das Licht entsteht nicht aus der Finsternis, aber die Finsternis stirbt durch das Licht« (*Die Antwort der Engel* von Gitta Mallasz).

Das Genie Ō-Sensei Ueshibas verweist auf den »verwirklichten Menschen«: er sah den Menschen im Zentrum des Universums sitzen, er vereinte in seinem *hara* Himmel und Erde und nahm in seinem Herzen die Gegenseite (verstanden als »Rest der Welt«) auf.

Satori[39] ist in Wirklichkeit die Explosion des äußeren Paradigmas und die Implosion des inneren Paradigmas.

Die Einheit verwirklichen

Unser Denken ist das Ergebnis aller lebenden Zellen. Es ist eine Wesenheit des Kosmos. Es erschafft und entwickelt sich aus eigener Dynamik.

Die Welt ist das Hologramm des kosmischen Denkens und die Gedanken der Menschheit sind das Geistesbewusstsein des Kosmos. Unser Alltag setzt sich aus dem Hologramm unserer

39 Verwirklichung, Offenbarung, Erleuchtung.

eigenen Gedanken zusammen. Wenn ein Konflikt zwischen unserem geistigen und zellulären Bewusstsein besteht, dann ist das eigentlich nur der Spiegel des Konfliktes, der zwischen dem menschlichen und kosmischen Bewusstsein existiert. Unser individuelles Unbewusstes befindet sich in vollkommener Harmonie mit dem kosmischen Bewussten. Unsere Geistesentwicklung ist die Vereinigung der Summe des gesamten von der Menschheit erworbenen Wissens und unseren Erfahrungen, die durch unsere Kultur sowie durch ethnisches und atavistisches[40] Erbe geprägt sind.

Tatsächlich müssen wir all das als »unbewusst« ansehen, was unser mentales Bewusstsein nicht mit unserer persönlichen Geschichte in Verbindung bringen kann – und das, zu dem wir als Menschen und Teil des Bewusstseins des Universums noch keinen Zugang haben. Wenn das Bewusstsein des Menschen und das Bewusstsein des Kosmos vollkommen eins ins andere eingegliedert wären, dann hieße die somit verwirklichte Einheit »Gott« und wäre aus diesem Grund unserem Bewusstsein als Menschen völlig unzugänglich.

An der Morgendämmerung des Wassermann-Zeitalters zeigte Teilhard de Chardin in seinen Nachforschungen *Über den Platz des Menschen im Universum*, dass die Gegenüberstellung der mikrokosmischen und makrokosmischen Pole eine fragmentarische Sichtweise darstellt, die durch das dritte Element der Vielschichtigkeit des Lebens erhellt werden muss.

Gitta Mallasz sagte zu mir: »Man kann die Wirkung der Sonne oder des Regens auf das Leben sehen, aber was hältst du von der Wirkung des Frühlings?«

Schon Laozi zeigte uns die Funktionen des Bewusstseins des Menschen innerhalb der Schöpfung, als er sagte: »Die Wahrheit lässt sich nur durch das Verständnis der Gegensätze erfassen.«

Ō-Sensei Ueshiba durchbrach den Gegensatz von Leben und Tod und verlegte das Leben in die Ewigkeit, indem er die Idee des Kampfes auf die Ebene des Mitgefühls erhob. Damit

---

40 Atavismus: Vererbung, Erbveranlagung, Wiederauftreten stammesgeschichtlicher, ursprünglicher Merkmale, also ein Erbe des Naturbewusstseins, das über mehrere Generationen weitergegeben wird.

gibt er eine Antwort auf die jahrhundertelange, intuitive Suche der Samurai, die dem Leitmotiv folgten: »Man muss immer seinem Tod ins Auge sehen.« Damit antwortet er auf die Ahnung aller Zivilisationen von der Existenz Gottes.

Tatsächlich hat die intuitive Wahrnehmung der Menschheit in allen uns bekannten Zeiten einen göttlichen Mythos erschaffen, der in den Herzen der Menschen Zeugnis von dieser Existenz ablegt.

Aikidō, die Kampfkunst des Friedens, öffnet einen Weg, indem es aus den Gegensätzen die Auslöser des Schöpferischen macht, indem es die Alchemie des Wassers und des Feuers verwirklicht.

Aikiken und Aikijō
Schwert und Stock im Aikidō

>*Freier Geist, freies Universum.*«
Zen-Kōan

Das Waffentraining im Aikidō eröffnet einen neuen Gesichtspunkt der Raum-Zeitlichkeit und der Bewegung. Diese Waffen besitzen eine eigene Strenge, zu der die Strenge der Kampfkunst, die Ethik des *aiki* und die strikte Anwendung ihrer Strategie hinzukommen.

Die technischen, taktischen und strategischen Dimensionen respektieren immer die Ethik des *aiki*, dessen Grundlage der Respekt vor dem anderen, vor sich selbst und vor der Beziehung zueinander ist. Diese Strenge trifft auf die Elastizität des Kontaktes, der im *taijutsu* (Ausübung des *aiki* mit bloßen Händen) existiert – bei dem viele Anpassungen und Veränderungen stattfinden können, die aber unbewusst bleiben. Es ist eine regelrechte Dialektik, die sich zwischen dem *taijutsu* des *aiki*, dem *aikiken* und *aikijō*[41] im Individualitätsbewusstsein entwickelt.

Der Einsatz des Aikidō für Gewalt- und Oppositionslosigkeit versetzt die Beziehung zwischen den Partnern in eine Intersubjektivität, welche die durch die Geschmeidigkeit der Gelenke bewirkte Unbestimmtheit der körperlichen Grenzen der Handlung fördert, und dies bei relativ unbewusstem psychischem Kontakt.

Die angegebene Dualitätslosigkeit macht die Beziehung vieldeutig, und häufig findet man ein Abdriften zu einer bewussten oder unbewussten Bloßstellung. Die für die geforderte Harmonie notwendigen Anpassungen werden im Inneren des individuellen Körperraumes selbst vorgenommen, wobei im *taijutsu* der psychologische Pol mehr oder weniger unzugänglich bleibt.

41 Siehe Kap. 8, Seite 71, und Glossar.

Im Gegensatz dazu erlaubt das *aikiken* keine solche innerkörperliche Weichheit. Die Anpassungen müssen räumlich werden und stellen die Verhaltensweisen noch klarer heraus. Man kann sagen, dass der Beziehungsraum dadurch modifiziert wird und dass er immer über den Projektionsrahmen der Protagonisten hinausgeht. Die Handlung findet niemals im Zeit-Raum des einen oder anderen statt, sondern in einem neuen Raum der Interaktion der beiden, und dies umso mehr, als die Techniken in einem ihnen eigenen Zeit-Raum-System verzeichnet sind, welches immer für den einen und den anderen, Angreifer oder Angegriffener, ein den Ort des Aktionsbewusstseins miteinbeziehendes Paradigma darstellt. Die Kriterien des *kihon* (essenzielle Prinzipien der Technik) sind tatsächlich im Wesentlichen raum-zeitliche Parameter und als solche deklariert.

Das Entwurzeln der Gewalt gegen sich und gegen die anderen

Das *aikiken* bietet drei Handlungsdimensionen mit drei Selbstbewusstseinszuständen an.[42]

Ume no tachi[42] umfasst die Techniken, die von der Erde zum Himmel gehen. Sie stellen das Problem der Dualität zwischen den Körperteilen dar, die zum einen die Erinnerung des Naturbewusstseins beinhalten und zum anderen das psycho-affektive Leben des Individuums.

Allerdings benötigt die Handlung Geschwindigkeit und Kraft, welche nur durch den Antrieb und das Vorwärtsstreben des Zentrums erreicht werden können. Dies erfordert einen guten Stand auf dem Boden, ein auf beiden Beinen ausbalanciertes, aber bewegliches Becken, lockere Schultern und einen Nacken ohne Verspannungen. Diese relative Körperentspannung, die Mobilität (für die Geschwindigkeit) und gute Statik (für die Kraft) verlangt, drückt die Integration der beiden gegensätzlichen Tendenzen aus: Festigkeit und Bewegung. Die Gleichzeitigkeit dieser beiden Qualitäten wird erreicht, wenn

42 *Ume* = die Pflaumenblüte, Symbol der Wiedergeburt, *tachi* = das Schwert. Weiter hinten werden Sie die Ausdrücke finden: *matsu no tachi* (*matsu* = Kiefer, Symbol der gegenwärtigen Kraft) und *take no tachi* (*take* = Bambusrohr, Symbol der Abwechslung von Kraft und Weichheit). Diese drei Prinzipien bilden eine untrennbare Dreiheit.

man akzeptiert, dass der Körper viel triebhafte Energie auflädt, ohne deswegen zum Abladen von Aggressivität gezwungen zu sein.

Die Handlung darf keinerlei reagierende Komponente aufweisen und setzt also eine gute Kenntnis ihrer psychischen Grenzen voraus. Die berühmte »Selbstkontrolle«, von der die Kampfkünste so viel sprechen (und die oft mit der Präzision des Schlages oder einer unendlichen Pseudo-Weisheit verwechselt wird), kostet diesen Preis. Im Aikidō und besonders im *aikiken*, wo dies für das Individualitätsbewusstsein klar hervortritt, gibt es nur zwei Möglichkeiten: entweder existiert keine Aggressivität und die Aktion steht in perfekter Übereinstimmung mit der entsprechenden Bezugstechnik und wird als solche erkannt, oder die Aggressivität dauert an und die Aktion wird niemals hundertprozentig verwirklicht; sie wird also als unvollendet erfahren und ist somit unwirksam.

Dadurch führt die Intersubjektivität der Beziehung zu einer gewissen innerpersönlichen Objektivität. Die Bewusstwerdung der Aggressivität und des Versagens, zu dem sie führt, ermöglicht dem Individuum seine eigene Dualität zu erfassen und seine Handlungen im *taijutsu* als Spuren der Toleranz sich selbst gegenüber wahrzunehmen. Diese Bewusstwerdung begünstigt die Veränderung der Verhaltensweisen und erzeugt vor allem Toleranz gegenüber den anderen. Somit wird die Gewalt eher entwurzelt als verdrängt, und genau darum geht es uns.

Das Entwurzeln der Wertungen

In einer durch das Gegeneinander geprägten Welt, wie sie beim sportlichen Wettkampf (oder kurz gesagt im Sport) besteht, mündet der Sieg über den anderen (in einem von Regeln definiertem Rahmen, dessen Grundsatz keinerlei Einfluss auf das Innenleben des Individuums hat) in eine Subjektivität, die auf Dauer alle möglichen aus dem Glauben an »sein gutes Recht« entstehenden Perversionen nach sich zieht. Die Konsequenzen sind unter anderem physische Ausschreitungen, die an Selbstzerstörung grenzen, und ein intolerantes Urteil, das mit der durch die Anerkennung der Gesellschaftsgruppe erlangten Macht einhergeht – all dies ohne dass irgendeine wirkliche Arbeit an sich selbst geleistet worden wäre. Die »Wohltaten« dieser Opposition beschränken sich in der Natur auf die Animalität bei der Artenauswahl und, was den Menschen betrifft, auf das Vor-Jugendalter. In beiden Fällen ist die Absonderung von der Gruppe das Ziel.

Das Aikidō entgeht teilweise diesem Irrweg, indem es erklärt, dass die zwischenmenschlichen Beziehungen auf der gegenseitigen Abhängigkeit und Wechselbeziehung basieren, welche weder die Unterdrückung des anderen erlaubt noch die autoritäre Untersagung seiner aggressiven Kräfte, ohne selber Schaden zu nehmen. Somit ist die Harmonie des Aikidō keine Mystik. Und wenn sie im *taijutsu* eine Ethik ist, dann ist sie im *aikiken* eine Strategie.

Die *Aiki*-Beziehung ist in einem realistischen Rahmen der menschlichen Beziehung angesiedelt; im Gegensatz zum Wettbewerbsrahmen, der die gegenseitige Abhängigkeit dahingehend leugnet, dass er das Versagen der Gewalt, welche immer unwirksam ist, weiter fortbestehen lässt und zur Entwicklung eines Glaubens an eine fiktive und illusorische Welt animiert. Diese würde voraussetzen, dass die Kraft vor der Harmonie existiert hat – wo sie doch in Wirklichkeit nur nach der wieder gefundenen Einheit der fundamentalen Dreiheit möglich ist. Der größte Fehler dieser Erziehungsform ist, dass sie die Rivalität verstärkt und dass sie das Gegensätzliche außerhalb der Person platziert und zu einer immer währenden Abhängigkeit verurteilt, zu einer unbekannten Äußerlichkeit – welche sie dann bleiben muss. Diese unbewusste Beziehung zwingt die Bewertung als Form der Selbsterhaltung auf – und damit wird die Ablehnung des als gegensätzlich wahrgenommenen Andersseins zur Ausdrucksform eines persönlichen Urteils.

Die aktuelle Tendenz des Massensports zum Wettkampfcharakter ist das Zeichen einer Manipulation des kollektiven Bewusstseins, um die Macht über die Menschen aufrechtzuerhalten. Das gesamte Funktionieren unserer dekadenten Gesellschaft basiert auf dieser Pseudo-Objektivität der Beziehung des Widerstands. Das kostet ungeheuer viel Energie und erfordert mehr und mehr eigenmächtiges Eingreifen, denn es kämpft gegen die Zeit an (die das kontinuierliche Strömen des Lebensflusses ist und die natürliche Tendenz zur Regeneration ausdrückt). Die Völker, die an Kriegen, Kultur- und Nahrungs-mangel leiden, zahlen einen schweren Tribut an dieses System. Die Völker, die an keinem dieser Mängel leiden, sind potenziell tot, denn ihre Individualität stirbt langsam ab.

Genau dies ist in unserer Gesellschaft der Fall und deshalb bezeichne ich sie als »dekadent«, denn ihr Hauptcharakter ist die Forderung nach dem Recht auf Unterschiedlichkeit, wo diese doch unbestritten ist.

Das Eingreifen in die Finanzmärkte und die politische Einmischung offenbaren hier ihren wahren Charakter: den einer Symptommedizin, die zum Scheitern verurteilt ist. Sie ist das Morphium des Sterbenden, dessen Schmerz man zum Schweigen bringen will. Und doch existieren auch noch versteckte Konflikte (denen das Aikidō übrigens nicht entkommt) zwischen dem Bestreben der Regierungen, daraus einen Sport zu machen, und denen ihrer berühmtesten Instanzen, daraus eine Herrschertradition zu machen. Es ist interessant zu bemerken, dass der grundlegende Konflikt zwischen den ministeriellen Instanzen, die das Aikidō »horizontalisieren« wollen, um es zu sterilisieren, und der weltlichen Instanz [des Aikidō], die es in einem System der Feudalmonarchie festhalten will, auf sich warten lässt. Tatsächlich sind die Ideologien verschieden, aber die Ziele sind dieselben: sie wollen seine Kraft der Veränderung vernichten.

Das Aikidō gibt der Individualität wieder einen Wert und ganz besonders das Waffentraining. Letzteres bringt die Gestik in eine dualitätslose Ethik, indem es deren Grenzen offen legt und dadurch die Identität des Ausübenden stärkt. Wettstreit ist immer ein Machtanspruch auf den anderen – ein Anspruch, dessen orale Ursprünge wohl offensichtlich sind. Der Kanni-balismus zwischen Gruppen wird von allen als Selbstverständ-lichkeit hingenommen, und diese Unreife des Bewusstseins des Kollektivs muss von den Individuen bekämpft werden.

So sind im *taijutsu* des *aiki* die Angleichungen des Aus-übenden innerlich, selbst wenn das erklärte Ziel immer der Re-spekt vor seiner Integrität ist. Diese Anpassungen finden nur dann statt, wenn die Technik (als Werkzeug der Beziehung ver-standen) sowohl seinen Lebensraum als auch sein physisches und psychologisches Wesen respektiert. Besonders der Respekt vor dem inneren Raum des anderen wird zur Bedingung der Wirksamkeit, welche die Harmonie der Atmung erfordert, ohne die keinerlei Aktionsbewusstsein des Augenblickes möglich wäre.

Im *aikiken* ist die Integrität des Übenden ein Parameter, der sich in der Körperhaltung ausdrückt. Die Haltung ist ein fertiger räumlicher Rahmen.

Die Angleichungen werden um diesen Rahmen herum stattfinden. Das *aikiken* modifiziert Raum und Zeit, weil es sie integriert. Der Übende geht von einer konstanten externen Zeit zu einer intrabewussten Zeit über, deren Elastizität die Funktion der Mobilität seines Bewusstseins ist. Der Raum modifiziert sich automatisch, je nach der zeitlichen Bestimmung.

Harmonisieren

Das zweite technische Register, *matsu no tachi*[43], umfasst die vom Himmel kommenden Handlungen und platziert den Ausübenden in einem intrabewussten Raum, welcher ihm die Beherrschung der Zeit erlaubt. Diese beiden Register, *matsu no tachi* und *ume no tachi*, objektivieren sich gegenseitig in einem dritten, *take no tachi*, dessen Eigenheit darin besteht, dass es das Gegensätzliche dahin bringt, wo es sich wirklich befindet – also im raum-zeitlichen Bewusstsein, dem Auslöser aller Dualitäten. Die Ausübenden bleiben füreinander »andersartig« und nicht dual. Ihre Beziehung entgeht der externen Gewalt der Opposition und der internen Gewalt der Mittäterschaft, welche ihren Unterschied leugnen würde. Sie befindet sich in einem zwischen-individuellen, unabhängigen Bewusstsein, das keinem von beiden gehört.

Dieses Bewusstsein besteht nur während der Zeit der gemeinsamen Handlung, so wie der Geist nur während der Zeit der Wiedereinverleibung seines Denkens besteht.

Damit findet die anfänglich akzeptierte Inter-Subjektivität, die gewaltlose Ethik und die mitgestaltende Strategie einen Bewusstseinsraum, in dem sie sich harmonisieren kann, und lässt die Beteiligten in einer Dualität, die von allem Leid unversehrt und unbescholten bleibt.

43 Siehe oben S. 84.

Das *Aikiken* ist ein vollendetes Paradigma. Dieses drückt sich durch die Tatsache aus, dass es seiner zeitlichen Darstellung eine räumliche Darstellung gegenüberstellt. Dadurch nimmt es die universelle Struktur der Essenz und seiner Bewegung auf. Es stellt sein Bewusstsein auf die Seite des Raumes, indem es aus diesem eine Darstellung der Essenz macht. Es stellt sein Unbewusstes auf die Seite der Zeit, welche die Darstellung der Bewegung des Unbewussten ist, was bedeutet, dass es sie in Energie umwandelt.

Aikijō kann nun entstehen. Es beschreibt die Bewegungen der bewussten Energie. Sowohl die Evolutions- als auch die Regressionsspirale sind seine Aktionsweisen: Projektion der Zukunft und Vergangenheit gleichzeitig – und es gibt ein genaues Bild der Interaktion von Geist und Körper.

Im vorangegangenen Kapitel beschrieb ich die Beziehungen zwischen *furi-komi*, *irimi* und *katsu-hayabi*. Ich rate Ihnen dort nachzuschlagen, um verstehen zu können, wie das Aikidō ein interaktives Mental/Körperbewusstsein herstellt, welches in einer beweglichen Raum-Zeit die wesentlichen Elemente einer Persönlichkeit, mit der Erfahrung, der Zukunft und mit dem Teil des Bewusstseins der Natur vereint.

Ich werde hier keine symbolische Untersuchung bezüglich des Aikidōtrainings mit den Waffen unternehmen, wie man es im Allgemeinen tut. Ich glaube nämlich, dass sie den Fehler begeht das Wesentliche zu verstecken, indem sie stillschweigend eine Verbindung mit dem Universellen miteinbezieht.

Diese Verbindung ist sicher richtig, aber sie bleibt willkürlich für den Leser, der keine persönliche Praxiserfahrung hat. Für denjenigen, der diese Erfahrung besitzt, ist sie nur ein zusätzlicher Kodex und beinhaltet alle möglichen Mängel der Sprache, besonders den Mangel, der von einem Kollektiv ausgeht, das seine eigene Subjektivität damit zu einer Wahrheit verkleidet, die den Glauben in sich trägt. Es ist jedem Geist möglich zu begreifen, dass Bewegung eine Zeit-Räumlichkeit objektiviert und somit ein Bewusstsein hervorbringt, welches sich selbst durch die Geste ausdrückt, also als eine Bewegung, die sich ihrer selbst bewusst ist.

Das Bewusstsein dieser Bewegung ist Kunst, und Kunst ist eine Erfahrung, die jeder machen kann – und das allein genügt.

Die Aiki-Handlung

»Gib beim Praktizieren deine Seele.«
Kobayashi Sensei

Ich habe schon die Zweideutigkeit des Begriffs »gewaltlose Kampfkunst« angesprochen. Diese Zweideutigkeit ist allein schon in dem Wort »Kampfkunst« enthalten, denn Kunst hat im Allgemeinen eine friedfertige Kraft und Bestimmung.

Diese Ambivalenz zweier Pole eines Konzepts ist eine deutliche Illustration der Idee des Aikidō selbst: eine Lehre, die nicht physisch und nicht mental ist, nicht das eine oder das andere, sondern beides gleichzeitig. Kann sich das Konzept von der Notwendigkeit befreien, einen Teil von sich auszuschließen, um sich erhalten zu können? Oder ist es nicht gerade dieser innere Gegensatz, der es durch die Wechselseitigkeit der internen Ausschließung ermöglicht, die Totalität auszudrücken und damit einen Sinn herzustellen?

Die Aiki-Handlung repräsentiert den Zwischenraum zwischen Körper und Geist, zwischen dem Bewusstsein des Mentalen und dem Bewusstsein des Körpers (in der Psychologie mit dem Wort »unbewusst« beschrieben) – ein verbindendes Bewusstsein, das dadurch lebendig und kreativ ist.

Sind nicht auch die Charakteristika des Lebens weder Materie noch Geist, noch Erde, noch Himmel? Sind die der Schöpfung nicht weder Anfang noch Ende, noch Subjekt, noch Objekt, noch Wesen, noch Phänomen? Leben, Schöpfung, da, wo sie dies alles zugleich sind und nichts davon im Besonderen.

Es ist ein Merkmal der Aiki-Handlung, die Gesamtheit aller möglichen Handlungen durch das Vergessen, das Aufgeben eines Teils von sich auszudrücken. Deswegen nenne ich sie abstrakt und dennoch symbolisch. Sie hat kein Ziel, denn sie hat kein Objekt. Ein einziges Bewusstsein reicht nicht aus, um sie zu verwirklichen. Das Bewusstsein muss in der inneren Bewegung die Erfahrung der inneren Teilung machen, des

Umherirrens und der Wiedervereinigung (*Aikitaisō*[44]). In der äußeren Bewegung (Aikidō) besteht die Teilung schon vorher, und die Vereinigung, die Suche und die Teilung erweisen sich als geradezu notwendig.

Die innere Bewegung ist elementar, die äußere Bewegung ist vielschichtig. Hegel hätte die innere Bewegung des *Aikitaisō* erfinden können – insbesondere für seine *Dialektik vom Herrn und Sklaven*. Eigentlich existiert die Situation »vereintes Bewusstsein / geteiltes Bewusstsein« für keinen von uns wirklich, weder in einer inneren Situation noch in einer äußeren. Genau da liegt ja die Schwierigkeit (und das Aikidō bezieht das selbstverständlich mit ein): zu erfassen, dass weder die Vereinigung noch die Trennung vorrangig existieren, sondern dass beides Ideale sind, die sich nur anhand eines echten Bewusstseins von der Inkarnation, das heißt der wahrhaftigen Spiritualisierung des Körpers verwirklichen lassen.

Aikitaisō und Aikidō sind eine Inszenierung unserer individuellen Bewusstheiten in ihrer internen / externen Dualität, in ihrer Schwierigkeit individuell zu sein, noch bevor sie dem Individuum die innere Dualität vergegenwärtigt haben.

Ich schildere Ihnen ein Beispiel der Aiki-Verhaltensweise anhand der folgenden Geschichte: man schlug mir vor, in einem Gemeindesaal an der Côte d'Azur vor Führungskräften aus Unternehmen, Politik und Gesellschaft einen Vortrag über den Konflikt zu halten. Das vorgesehene Thema war der schöpferische Konflikt.

Einige Tage vor diesem Vortrag erfuhr ich, dass das Thema von einem der Verantwortlichen der Organisation geändert wurde und dass mein Vortrag nun *Von der Anwendung des Geistes der Kampfkünste in Wirtschaft und Gemeinschaft* handeln solle.

Nach der anfänglichen Überraschung überdachte ich den schon geschriebenen Vortrag über den Konflikt und beschloss die Regeln, die ich darin vermitteln wollte, auf dieses Thema anzuwenden. Hier also nun die Einleitung:

44 wörtlich: Harmonie – Energie – Gymnastik.

»[…] Dies ist nicht das Thema, das mir zum Zeitpunkt der Übereinkunft für dieses Treffen vorgeschlagen wurde. Ich behandle es trotzdem, denn ich entdecke darin genügend scheinbare Widersprüche, um es für interessant zu halten. Die beiden Hauptthemen, »Vom Geist der Kampfkünste« und »Wirtschaft und Gemeinschaft« dürften nicht als widersprüchlich aufgefasst werden, denn ihre implizite Beziehung vermittelt eine Idee, die zu wenig verbreitet und zu außergewöhnlich ist, um unmittelbar bemerkt zu werden: Wenn man mir entgegenhält, dass diese Idee in das kollektive Denken eingedrungen sei, warum stellt man dann diese beiden Pole als Problem hin?

Man scheint »Wirtschaft« und »Gemeinschaft« als Gegensatz zu sehen. Wäre dies nicht der Fall, würde das beinhalten, dass die ökonomische Tätigkeit nicht kollektiv sei oder dass eine kollektive Tätigkeit keine ökonomische Tätigkeit sein kann. Ich stelle mir die Frage: bezieht sich der Konflikt auf den Inhalt oder die Form?

Geist und Kampfkunst: »Kunst« und »Kampf« sind an sich schon Träger eines tiefen Widerspruchs: Kunst wird im Allgemeinen mit Kreativität, Ästhetik, innerer Suche, Spiritualität in Zusammenhang gebracht und Kampf mit Krieg, Zerstörung, Hässlichkeit, Leiden, Zerfall …

»Kampfkunst« trägt daher einen tiefen Widerspruch in sich. Kann man uns glauben machen, dass es eine Kunst geben könnte, die diese dreckige Sache des Krieges hervorbringt, oder will man uns etwa glauben lassen, dass diese, wenn sie Kunst ist, andere Gründe haben könnte als ökonomische, kulturelle und rassische – also kollektive Gründe zum Erhalt einer Macht?

Was den Geist betrifft, so haben wir da wirklich ein sehr vieldeutiges Wort. Von »geistvoll sein« oder »geistreiche Witze machen« zu »einen gesunden Geist haben« wird das Geistige von der konsumierenden und kommunizierenden Gesellschaft durch ihre Gier, jegliche Energie in Besitz zu nehmen, entehrt und vergewaltigt.

So haben sich einige beim Lesen dieses Titels vielleicht gesagt: »Aha, ein Vortrag über die Spiritualität der Kampfkünste und ihre Anwendung im täglichen Leben und der

Arbeitswelt«. Andere: »Endlich wird uns jemand etwas über die Strategie der Kampfkünste in ihrer Anwendung auf Geschäfte erzählen (ein Rezept, um meine Wettbewerbsfähigkeit zu steigern).« Wieder andere: »Die fernöstliche Weisheit auf die Unstetigkeit unserer Gesellschaft angewandt, das Wunder des inneren Friedens, das Ende von Stress.« Und noch andere: »Ich sehe keine Problematik in dieser Gegenüberstellung – Geist der Kampfkünste und Wirtschaft und Gemeinschaft.«

Was kann man über solch ein Thema erzählen? Ich könnte Ihnen auch sagen, dass Sie vielleicht nicht hierher gekommen sind, um das anzuhören, was ich Ihnen erzählen werde, oder dass ich nicht gekommen bin, um Ihnen zu liefern, was Sie hören wollen?

Aus all dem geht offensichtlich hervor, dass der Konflikt des im Titel erscheinenden Konzepts einen viel tiefer liegenden Konflikt wiederspiegelt, nämlich in dem Sinn, dass es uns nicht mehr um Meinungen geht, sondern vielmehr um unsere gegenseitigen Erwartungen. Wie verwenden wir also den Augenblick, den wir zusammen verbringen werden?

Letztendlich werden Sie sich entweder auf mich verlassen und wir etablieren ein Machtverhältnis anhand einer Hierarchie: Sie lassen mich also die folgende halbe Stunde Ihres Lebens lenken; oder aber Sie bleiben fest in Ihrer Absicht, dies oder jenes zu hören, und damit ist der Konflikt in Gang gesetzt, denn: zählen Sie nicht auf mich, wenn Sie etwas anderes hören wollen als das, was ich Ihnen zu sagen habe und wofür ich hierher gekommen bin.

Manche hier könnten mir vorschlagen, diese Versammlung in Gang zu bringen, indem einer nach dem anderen sagt, was er hier erwartet hat oder einbringen wollte – im Stil eines Kommunikationsseminars –: aber Vorsicht vor dem Konflikt mit denen, die in der festen Absicht hierher kamen, sich mit dem gesamten Wissen vollzusaugen über das, was das Aikidō in das wirtschaftliche und kollektive Leben einbringen kann.

Müssen wir nicht an diesem Punkt aufgeben? Sollte ich ein anderes Thema behandeln? Wie können wir den Konflikt vermeiden? Wie können wir ihn unterdrücken? Wie sich seiner bedienen, um zu siegen? Muss ich von der Machtaufteilung sprechen oder dem Verzicht auf Macht? Ist es die Kunst zu verlieren, die ich lehren soll?

Ob der Konflikt selbstverständlich von einer Struktur (oftmals einer Rangordnung der Handlung oder des Rechts) gelöst wird oder ob er durch Angst (oder Höflichkeit oder Faulheit oder Vorsicht) verdrängt wird, oder ob er ausgetragen wird, letztendlich ist er ständig im gesamten Leben gegenwärtig, denn er ist geradezu unsere Existenzquelle.

Die Lebenssubstanz drückt sich durch die Lebensaktivität (*ki*) aus, und ihre einzige Möglichkeit ist der Konflikt:
- Konflikt von Materie und Leerheit,
- Konflikt der Elemente untereinander,
- Konflikt der Generationen, Rassen, Kulturen, Begriffswelten.

Überall da, wo Bewegung ist, ist auch Konflikt. Und da der Konflikt das ihm innewohnende Gesetz der Allgegenwärtigkeit auf sich selbst anwendet, ist überall da, wo ein Konflikt herrscht, auch Harmonie, denn der Konflikt steht im Konflikt mit sich selbst. Der Konflikt wirkt auf unser Bewusstsein wie der Schmerz. Er weist auf Entwicklung, auf Veränderung hin. Er zeigt uns die Harmonie. Lehnt man ihn ab, so ist eben diese Ablehnung schon sein Ausdruck. [...]«

Die Teilung, Ort der Vereinigung

So besteht die wirkliche Harmonie des *aiki* in der Tatsache, dass die innerlich gespaltenen Bewusstheiten sich innerhalb einer bestimmten Zeit dort vereinen, wo sie miteinander kommunizieren können, um schöpferisch zu werden, also in dem Raum ihrer inneren Teilung.

Die Aiki-Handlung ist ein kollektives Bewusstsein, das weder dem einen Protagonisten noch dem anderen gehört, und deswegen können beide sich darin begegnen.

Die Aiki-Handlung ist nicht das Produkt »Einheit«, sondern der Ort der Zeugung, der Entstehung, der Geburt dieses Produkts. Wenn das Produkt lebt, dann ist es das neue, wiedereinverleibte Bewusstsein jedes ihm zu Grunde liegenden Bewusstseins. Das Drama der Wiedergeburt ist eigentlich, dass das Bewusstsein des Körpers der Eltern das Produkt ihrer

Vereinigung nicht wieder in sich vereinen kann, es sei denn durch den Tod.

Ich nenne die Fortpflanzung eine spirituelle Handlung im wahrsten Sinn des Wortes, denn sie ruft einen Konflikt zwischen Körper und Seele hervor, der dem Bewusstsein, welches an seiner Spaltung leidet, das Vorhandensein der Seele verdeutlicht, und zwar gerade dank des Leidens an seiner Spaltung. Die Kraft der Projektion und der Übertragung, welche uns die Psychologie beschreibt, findet hier ihren tieferen Sinn.

Die Harmonie entsteht nicht aus einer Situation der Einheit des Bewusstseins, sondern aus dem Bewusstsein, das sich seiner Spaltung bewusst ist.

Als kriegerische und friedfertige Handlung sucht das Aikidō also Zuflucht im Konzept der Kampfkünste, um zu verstecken, was es ist: ganz einfach Kunst, denn »Kunst« bedeutet doch: kollektive und individuelle Vermittlung zwischen Materie und Geist.

Der Komplex der Kunst des *aiki* beinhaltet vielfältige Verzweigungen. In ihrer Struktur, Übermittlungsweise und ihrem Kontext ist sie traditionell, aber in ihrer Ethik und Bewegung ist sie unglaublich modern. Als Kunst der Harmonie bezeichnet, ist sie doch ein bevorzugter Austragungsort der eitelsten, oberflächlichsten und unproduktivsten Streitigkeiten aller Kampfkünste überhaupt, und das ist schon bezeichnend. »Nicht-Sport« schlechthin, wird sie doch von der Mehrheit der Gruppen als Sport verbreitet. Sie ist eine Kunst der Verinnerlichung, und doch wird sie öffentlich zur Schau gestellt. Als universell definiert, wird sie von der extrem autoritären japanischen Macht fest an sich gebunden. Die Gruppen, die diese Macht nach Europa herüberbringen, entstellen, verfälschen und verwestlichen das, was ihnen eigentlich vom japanischen Erbe als universell vermittelt werden sollte.

Kobayashi Sensei sagt immer, dass man im Aikidō »so praktizieren soll, dass man seine Seele gibt« (*tamashi imeru*). Ich glaube wirklich, dass dies der einzig wahre Ort der Übung ist und dass dieses Bewusstsein am besten geeignet ist, um das Aiki aufzunehmen, denn es ist weder Körper noch Geist, weder Materie noch Leere, und auch am ehesten geeignet, Liebe entstehen zu lassen, bei der das Mitgefühl für den *aite* (den »anderen« im Aikidō, den, auf den man trifft) von größter Wichtigkeit und Notwendigkeit ist. In diesem Sinn ist die Seele der Ausdruck der Vereinigung des geteilten Bewusstseins, des »dividuellen« Bewusstseins. Dieses Bewusstsein fühlt sich durch seine Spaltung nicht bedroht, und das ermöglicht ihm, eins zu bleiben.

So ist es auch mit dem Aikidōka, der sich vom Angriff nicht bedroht fühlt und dessen individuelle Integrität durch die Toleranz, die er der Form seines Bewusstseins entgegenbringt, gestärkt wird. Sein Mitgefühl ist weder Täuschung noch Ideologie. Es ist kein Mittel. Es ist. Die Liebe des *aiki* entstammt nicht einer Handlung der Beherrschung, der Dominierung der aggressiven und defensiven oder anderer Instinkte, sondern der ursprünglichen Natur des Menschen, nämlich der Seele, und diese ist rein und damit unteilbar.

12

Das Aiki-Bewusstsein

»In allem steckt ein Geheimnis, vor allem in uns selbst.«
Karlfried Graf Dürckheim

Das Aiki-Bewusstsein ist jener Raum des Mitgefühls, der durch die Äußerung des Unterschiedes die Verwirklichung der Einheit ermöglicht.

Wie jedes Bewusstsein besitzt es seine eigene Struktur und auch eine Struktur, die sich aus vielen anderen Elementen zusammensetzt, die wiederum dem Bewusstsein des Kosmos angehören. Die Beziehungen zwischen dem Bewusstsein des Kosmos und dem Bewusstsein des Körpers sind schon vor dessen Selbstäußerung vorhanden.

Die Techniken sind die Träger dieser Bewusstheiten. Ihre Beziehung zum Bewusstsein des Kosmos ist direkt, ebenso wie ihre Beziehung zum menschlichen Bewusstsein des Körpers.

Das Aiki-Bewusstsein ist aktiv, wenn die Beziehung, die sich zwischen zwei Menschen entwickelt hat, konfliktreich ist, und diese Beziehung sowohl das innere und kosmische Gleichgewicht infrage stellt als auch das Gleichgewicht zwischen diesen beiden.

Das Aiki-Bewusstsein hat die Funktion, den Antagonismus aufzuheben, indem es die Harmonie sichtbar werden lässt, die gerade in der Dualität liegt, die sich zwischen der Situation, die es im Einzelnen zu leben gilt und der Beziehung dieser Situation zum Kosmos ergibt.

Die offensichtliche Opposition, die einen Konflikt hervorbringt, dessen Ausweg schöpferisch sein könnte, wird durch die Aiki-Technik transzendiert, weil sie ihre Kraft aus ihrer doppelten, inneren und kosmischen Zugehörigkeit schöpft. Sie ist wie eine äußere Seele, fühlbar und greifbar.

Ich sehe mich hier gezwungen den universellen Geist zu untersuchen und deswegen auch den natürlichen Aspekt der Technik, um dadurch eine Parallele zur Natur des Menschen herzustellen. Entschuldigen Sie daher die folgenden technischen Präzisierungen:

Ikkyō, das erste Prinzip der Festhaltegriffe, drückt die Bewegung der auf- und untergehenden Sonne aus. Erhebung, Weiterführung in einem Kreisbogen, Rückkehr zur Erde. Dadurch wird eine Senkrechte hergestellt.

Nikyō wird zum zweiten Prinzip, denn es ist der Mittelpunkt dieses vertikalen Kreises, aus dem durch seine Verdichtung eine konzentrische Spirale entsteht. Dieser Kreis ist mit einem Zentrum ausgestattet, also einem Bewusstseinsraum, der sich seiner selbst bewusst ist und der sich in der horizontalen Ebene um sich selbst drehen und eine Kugel werden kann.

Vergessen wir nicht, dass die sichtbare Bewegung der Sonne um die Erde von deren Eigenrotation abhängt. Diese Rotation ist auch ein Versuch des Zentrums, sich um sich selbst zu drehen. Es ist die Natur des Zentrums, sich um sein Objekt herum und von ihm ausgehend auszudehnen.

Wenn die Kugel entstanden ist, das heißt wenn der Bewusstseinsraum sich seines dualistischen Charakters bewusst ist, dann entsteht *Sankyō*, das dritte Prinzip.

Damit die Scheibe im Gleichgewicht bleibt, braucht man ein Zentrum; damit sie eine Kugel wird, muss diese sich ausdehnen; damit die Kugel erhalten bleibt, muss das Zentrum darin eingeschlossen bleiben und muss seiner Anziehungskraft widerstehen, woraus sich *Yonkyō* ergibt, das vierte Prinzip.

Um der Anziehungskraft zu widerstehen, muss sich die Kugel noch mit einem externen Objekt polarisieren, das stärker als seine innere Anziehungskraft ist, wodurch wir zu *Gokyō* kommen, der Fortbewegung in 5 Richtungen, dem Bild der Drehbewegung der gesamten Galaxie um das Zentrum des Universums und deren Bewegungen im Inneren, den Sonnenumdrehungen und Erdumdrehungen.

Fünf Bewegungen sind notwendig, damit unser Bewusstsein stabil ist, das bedeutet, dass wir uns in einer unvorstellbaren Geschwindigkeit fortbewegen (verschiedene Drehbewegungen der Galaxie, des Sonnensystems um sich, der Erde um die Sonne, um sich selbst und um sein Zentrum im Innern der Erde), dann fühlen wir uns im ruhenden Gleichgewicht, also fähig, Begriffe, Anschauungen und Ideen zu entwerfen.

Die 5 Festhalte-Prinzipien lassen uns mittels unseres Bewusstseins des Körpers direkt in die universelle Ordnung der Bewegung eintreten, in die Beziehung zwischen Innen / Außen und in das Gleichgewicht, das sie erfordert. Es findet eine Verinnerlichung des universellen Raums und seiner Architektur statt, die somit eine wesentliche Struktur unserer Bewusstheiten wird.

Die Techniken, die im Sinn von *omote* (positiv, Yang) ausgeführt werden, haben das Ziel, an den Ursprung des Angriffs zurückzugehen. Sie entwickeln den introspektiven Sinn und aktivieren die Beziehung des mentalen / körperlichen Bewusstseins in mannigfaltigen Schichten. Die Techniken, die im Sinn von *ura* (negativ, Yin) ausgeführt werden, haben das Ziel, bis zur maximalen Entfaltung des Angriffs zu gelangen. Sie entwickeln die Möglichkeiten der Veräußerlichung und aktivieren das Strukturieren eines begrifflichen Bewusstseins, besonders durch die Dynamisierung des Geistes und die Reaktivierung des körperlichen Gedächtnisses.

Ob sie stromaufwärts oder stromabwärts geht, die Aiki-Bewegung ist expandierend und regressiv, denn sie vollzieht sich in der äußeren Raum-Zeit-Spirale und der inneren Bewusstseinsspirale.

Somit drücken sich die 5 japanischen »Elemente« (Erde, Wasser, Feuer, Wind, Leere) anhand unserer physiologischen und bewussten Funktionen aus (5 Sinne plus Bewusstsein).

Sinnesempfindung, Wahrnehmung, Bewusstsein, Denken, Handlung, Sprache oder Willensäußerung drücken sich anhand der 5 Elemente aus und erinnern uns an die Entstehungsgeschichte und die Entwicklung des Bewusstseins des Kosmos (mineralisch, pflanzlich, tierisch, menschlich, Bewusstsein des Individuums). Wir sollten nicht aus dem Auge verlieren, dass jedes Element sein Gedächtnis und seine Intuition, seine Ahnung hat, oder einfacher gesagt, eine introspektive und expandierende, regressive und evolutive Bewegung.

Wir sollten auch anmerken, dass jede Technik aus einer anderen heraus »geboren« wird und dass diese Schöpfung des Universums mit den 5 Grundlagen die Wurftechniken hervorbringt, welche von Natur aus expandierend sind, selbst wenn man sie im *omote*-Sinn ausführt. Sie beziehen die vorherige

Existenz des Lebens und des Zyklus mit ein. So ist die Abfolge von *ude nobashi, kote gaeshi, shihō nage, irimi nage*[45] eine Struktur, die gar nicht mehr infrage zu stellen ist, und da *irimi* tatsächlich die Integration eines dualen Bewusstseins durch seine eigene einheitliche Expansion ist, wird es vom Körper als der Tod empfunden und bringt uns unerbittlich zum Ausgangspunkt zurück – *ikkyō*.

Bewegungen, Energien, Bewusstsein

Jede Technik ist charakterisiert durch die Effektivität der Verteilung und Verstärkung der Energie während einer präzisen Funktion und durch ihre Fähigkeit, eine Muskelspannung zu lösen und eine Gelenkstellung zu verändern. Während *ikkyō* die Darm-Energie verteilt, so wird diese durch *irimi-nage* konzentriert. *Nikyō* verteilt die Energie der Leber, *shihō-nage* konzentriert sie. *Sankyō* verteilt die Energie der Lunge, *tenchi-nage* konzentriert sie. *Yonkyō* verteilt die Energie des Magens, *kote-gaeshi* konzentriert sie. Allerdings: *yonkyō* stärkt auch die Lunge, das Herz und den Darm; *kote-gaeshi* und *sankyō* stärken das Herz, je nachdem, wann und wie sie angewendet werden und mit welchen anderen Elementen. Doch das allgemeine Schema ist dieses.

Das Denken des Darms ist unduldsam und bleibt in dem festen Rahmen seines eigenen Undefiniertseins begrenzt. Es ist mit einer Fixierung auf die Zeit innerhalb des Mutterleibes verbunden. Es ist das Bewusstsein eines heranreifenden, unausgedrückten Konflikts, der, sobald er ausgedrückt wird, zur Welt kommen kann. Es ist die Aufgabe von *ikkyō* und *irimi*, dieses Bewusstsein zu gebären.

Das Denken der Leber ist ein Bewusstsein, welches die Vorahnung seiner Existenz hat, aber seine Beziehungen zur Umwelt nicht objektivieren kann. Seine Unfähigkeit zu unterscheiden zwingt es zum Mogeln. Es bezieht seine

45 *Ude nobashi*: Ellenbogenstreckung. *Kote gaeshi*: Beugung / Streckung des Handgelenkes. *Shihō nage*: Wurf zu den 4 Eckpunkten. *Irimi nage*: Wurf im Hineingehen, für den der Kontakt der Zentren der beiden Beteiligten notwendig ist. *Irimi*: Technik, die es ermöglicht, die räumliche Kontrolle der Aktion zu übernehmen.

Dynamik aus dem Darm, also aus dem Triebhaften. Es ist seine unwillkürliche Bewegung, die es in Kontakt mit sich selbst bringen wird, und zwar mit einem Bewusstsein des Andersseins. *Nikyō* hat die Aufgabe, es aus dem Gleichgewicht zu bringen, um ihm seine Starrheit begreiflich zu machen und *shihō nage*, es aus seinem physischen Rahmen herauszubringen. Es lebt in einer oralen Fixierung.

Das Denken der Lunge ist das der Prinzipien, der Regeln. Es ist von Ideen schon vorher festgelegt, es ist das autoritäre, vorbestimmte Denken. Es ist sich seiner selbst durch eine Leihstruktur bewusst. Es muss sich als etwas anderes nach außen repräsentieren, um sich objektivieren zu können. Es ist sich seiner Beziehung zum Anderssein, welches sich der sie repräsentierenden Regel unterwerfen muss, nicht bewusst. Es will dem Menschen befehlen. Es beginnt zu glauben, dass es die Gesamtheit ist. Dies ist das Stadium des Bewusstseins Gottes, wie es uns von den Religionen vermittelt wird. *Sankyō* und *tenchi nage* haben die Aufgabe, dieses zu einer Willensäußerung weiterzuentwickeln, d.h. zu einer Produktionshaltung, der Objektivierung des Andersseins durch die Reintegration seiner Produkte. Dieses Denken regiert den Menschen, und dies steht in Zusammenhang mit einer analen Fixierung.

Yonkyō und *kote gaeshi* sollen das Denken des Magens, dem Sitz des Willens, hervorbringen. Dieses Denken wird von einem Bewusstsein ausgesandt, das sich der Macht bewusst ist, die es auf Grund seiner Expansionsbewegung besitzt. Dieses Bewusstsein glaubt, dass es mit dem Willen alles erreichen kann. Das Merkmal dieses Willens ist es, dass es die Kapazität seiner energetischen Fähigkeiten überschreitet. Es ist sehr schöpferisch, denn es produziert über seine Verhältnisse hinaus und tritt damit in Kontakt mit der Leere – und zwar durch den Mangel. Es bewegt sich auf Grund seiner Unwissenheit und seiner Unfähigkeit unwillkürlich und unbewusst auf das spirituelle Bewusstsein zu. Wenn es fortbesteht, ist es sehr zerstörerisch und zwingt den Körper, somatisch zu reagieren (Gastritis, Geschwüre, allgemeine Gefäßverletzungen, Beeinträchtigungen des Muskel- und Sehnenapparates). Das Übermaß des Magendenkens ist mit einer Bewusstseinshemmung in Zusammenhang mit einer phallischen Fixierung verbunden.

Ich gehe hier nicht weiter in die Einzelheiten, aber all das muss in Betracht gezogen werden, denn dieser Kreislauf beginnt in unseren Leben mehrmals von vorn und ist mehrfach im Körper eines jeden von uns eingeschrieben. Auch wenn eine Tendenz dieser Denkstrukturen vorherrscht (also die Hemmung einer der beschriebenen Bewusstheiten), drückt sich unsere Persönlichkeit durch eine große Vielschichtigkeit aus, die mehrere dieser Formen einschließt und je nach dem Bewusstseinsraum, in dem sich ein solcher Kreislauf offenbart, variiert. Ich merke nur an, dass die Elemente Erde, Wasser, Feuer, Wind und Leere ihren Platz und ihre Bedeutung im Inneren unserer Organtätigkeiten sowie im Inneren unserer Bewusstheiten finden und in ihrer Eigenschaft als natürliche Elemente sind sie eine Veräußerung unserer mentalen und körperlichen Bewusstseinsstrukturen. Dieser äußerlich a priori objektivierbare Charakter ist ein Merkmal der Phänomenalität, der inneren Struktur des Bewusstseins des Universums.

So lässt eine Technik die nächste entstehen und folgt dabei einer universellen Ordnung. Die Aiki-Handlung strukturiert das Bewusstsein des Körpers und ermöglicht es, eine äußere Sprache zu erlangen, die Aiki-Geste, mit einer äußeren Vision der universellen Bewegung und einer inneren Sprache, die einen Weg der Kommunikation zwischen den verschiedenen Bewusstheiten eröffnet und dabei die Integrität jedes Einzelnen bewahrt – denn als Bewusstsein des Universums kann das Aiki-Bewusstsein alle Formen annehmen und darin inbegriffen auch die seiner eigenen Teilung.

Es folgt einer Wesenheit, vollzieht sich also ohne Absicht. Wenn das Bewusstsein des Individuums in seiner Beziehung zu der zu lebenden Situation verschoben ist, dann tritt der Schmerz in Erscheinung und führt zur Bewusstwerdung dieser Verschiebung. Wenn *uke* zu spät ist, dann taucht der Schmerz auf, also die Bewusstwerdung des Zu-spät-Seins. *Uke* kann nicht zu früh sein, aber er kann sich in einer Projektion, im psychologischen Sinn, auf die Bewegung und das Bewusstsein von *shite* befinden.

Damit ist das, was man im Allgemeinen als »der Bewegung voraus sein« bezeichnet, eine Verspätung und wird vom Schmerz kompensiert. Wenn *uke* in eine Richtung geht, die nicht der Technik entspricht, dann entsteht auch Schmerz. Der räumliche Fehler wird als zeitlicher Fehler bestraft. Der Schmerz ist immer das Mittel zur Harmonisierung, wenn die Dualität zwischen den Bewusstheiten der Partner nicht verwirklicht ist.

Bewusstsein des Geistes, Bewusstsein des Körpers

Das Aiki-Bewusstsein ist das Bewusstsein des Universums. Es agiert als solches. Der Schmerz drückt ein inneres Leiden aus, einen Energiestau, der es unmöglich macht, dass die Bewegung im richtigen Raum-Zeit-Verhältnis stattfindet und dadurch das Bewusstsein Zugang zu ihr haben kann. Indem der Schmerz objektiviert wird, reintegriert das Bewusstsein einen von ihr verleugneten Teil von sich und entwickelt sich weiter. Als man Ō-Sensei Ueshiba, den Gründer des Aikidō, fragte: »Entspricht das Aikidō also den universellen Prinzipien?«, antwortete er: »Nein, es ist das Universum, das den Aiki-Prinzipien entspricht.« Bedeutet das, dass Ueshiba an seinem Lebensende megalomanischen Egozentrismus betrieb? Sicher nicht! Lasst uns lieber beobachten und nachforschen ...

Für unser Bewusstsein harmonisieren sich Himmel und Erde zur Vollendung. Der Himmel umhüllt die Erde überall: Er nimmt alle ihre Leerräume ein, respektiert alle Oberflächenstrukturen, zieht sich auf seinem Weg zurück und folgt ihr. Diese Harmonie ist eine der Grundregeln des Universums. Die Sonne als äußeres Feuer polarisiert die Erde, und diese vollendet ihre Bahn, ist von einem inneren Feuer bewohnt, das nur ein Teilchen des Sonnensystems ist. Unser Blut kreist im Inneren unseres Körpers und unser Geist umkreist ihn von außen. Wir benötigen das äußere Licht genauso wie das innere, um zu wachsen, und um uns durch unsere Bewusstseinsebenen wahrzunehmen, die sich zur Materie so verhalten wie der Himmel zur Erde.

Wenn das innere Feuer des »Körperbewusstseins Erde« sich ungefähr mit dem Feuer der Sonne die Waage hält (ich sage »ungefähr«, denn die Vulkanaktivität ist seismisch und dazu da, Zeugnis abzulegen von der immer noch andauernden Veränderung des Bewusstseins der Erde), dann kommt das Wissen um dieses Gleichgewicht daher, dass unsere Stofflichkeit das Gedächtnis der Leere und Fülle, des universellen Klanges und des universellen Lichtes in sich trägt und auch daher, dass unser Skelett das Gedächtnis des Minerals (d.h. der Geschichte des Bewusstseins der Erde) in sich trägt, daher, dass unser Muskel- und Sehnenapparat und unsere Sehnenhäute das Gedächtnis der Pflanzlichkeit in sich tragen, dass unser Gefäßsystem das Gedächtnis des Tierischen trägt und unsere Organe unsere Affekte tragen, d.h. das Gedächtnis des Menschlichen (der nichtindividualisierten Menschheitsgeschichte und das des Embryos).

Und zu guter Letzt trägt unsere Psyche das Gedächtnis unseres Lebens außerhalb des Mutterleibes. Die Kenntnis dieser unausweichlichen Harmonie wird für uns folgendermaßen reaktualisiert: durch den Körper und seine Grundbedürfnisse zum Überleben (mineralisch, pflanzlich), die Gesellschaft (tierisch), die Familie (menschlich, embryonal) und die Notwendigkeit zum Kontakt mit der Welt, die uns mit den fünf Sinnen (übertragen durch das Bewusstsein des Geistes) umgibt.

Das Bewusstsein des Geistes bringt uns mittels der Sinne in Kontakt mit der Außenwelt und durch die Bewusstwerdung seiner eigenen Existenz in Kontakt mit der Innenwelt. Das Bewusstsein des Geistes ist ein Raum, in dem die hervorgerufenen Erinnerungen miteinander in Aktion treten, und dadurch zu Bewusstheit werden. Beobachtet man das Bewusstsein, so ist es immer erneuerte Erinnerung. Selbst der gerade gefasste Gedanke wird vom Bewusstsein, das ihn aussendet, erst dann erkannt, wenn dieses ihn reintegriert, ihn also vom Vorhergehenden unterschieden hat. Der Gedanke ist ein »Im-Nachhinein« des Bewusstseins, und das Bewusstsein ist ein »Im-Nachhinein« des Gedankens. Jedes in uns aktive Bewusstsein der Natur lässt das Gedächtnis unserer eigenen individuellen Geschichte wieder aufleben, und genau da liegt die Funktion der Interaktionen zwischen den Bewusstheiten der Natur und dem Bewusstsein des Individuums.

Unser individueller Bewusstseinsraum ist ein Ausdrucksfeld für die Bewusstheiten des menschlichen Kollektivs, so wie unser Körper das Ausdrucksfeld des Bewusstseins der Natur ist. Jedoch reaktualisiert Letzteres die Geschichte unserer Wiedergeburt, während das andere uns dadurch, dass es uns zwingt, es

zu hemmen, sich mittels unseres eigenen Bewusstseins ausdrückt. In Wirklichkeit ist unsere individuelle Geschichte nur
die Geschichte unserer Konflikte mit den Bewusstheiten der
Rassen, Völker, Familien usw. – vorausgesetzt, dass man sich
auf die Geschichte beschränkt, zu der unser geistiges Bewusstsein Zugang hat. Wenn man diesen psychischen Raum verlässt
und anhand des Bewusstseins des Körpers beobachtet, dann
reaktualisieren unsere Interaktionen mit den Bewusstheiten des
Kollektivs für uns unsere Konflikte mit den Bewusstheiten der
Natur.

Bewusstsein des Geistes, Bewusstsein des Kosmos

Mein Meister hat mich immer verwundert, wenn er gegen dieses
allzu bekannte »Im Schweiße deines Angesichts wirst du dein
Brot essen« ankämpfte, das die schöpferische Aktivität des
Menschen auf die einfache Beantwortung eines Grundbedürf-
nisses beschränkt. Wenn allein der Instinkt der Auslöser unserer Taten ist, dann sollten wir uns nicht wundern, dass der
Krieg fortdauert und dass er wirtschaftliche Interessen verfolgt.
Wundern wir uns auch nicht, dass die Religionen seit jeher die
größten Anstifter gewalttätiger Konflikte waren und es immer
noch sind. In Wirklichkeit ist die Vereinnahmung des Bewusstseins des Menschen bis in ein tierisches Stadium das aktuelle
Vorhaben aller Bewusstheiten des Kollektivs, die gerade mal
eben dieses Stadium erreicht haben und als Konsequenz den
Drang verspüren, dieses durch das Bewusstsein des Individuums auszudrücken.

Eigentlich beinhaltet unser Bewusstsein des Geistes das Gedächtnis des universellen Geistes, des Geistes der Leere, und unsere Seele trägt das Gedächtnis der Urspaltung in sich (Urknall
oder Chaos oder welche Terminologie Sie auch immer
verwenden wollen), wohl wissend, dass die Widerlegung dieser
Theorien deren eigene Bestätigung darstellt. Daraus könnte
man voreilig schließen, dass die Seele auf Grund der Tatsache,
dass sie die Dualität phänomenalisiert, zum Leiden prädestiniert
sei, was voraussetzt, dass Dualität Leiden bedeutet, und das ist
ein Standpunkt des Bewusstseins des Körpers, welches vom
Bewusstsein des Geistes ausgesendet wurde und das wiederum

keinen Zugang zur wahren Natur der Seele hat – weder Materie noch Leere, noch Chaos, noch Antimaterie, sondern urtümlicher Bewusstseinsraum.

Unsere Seele ist das Gedächtnis aller Bewusstheiten, denn sie ist das Urbewusstsein und bezeugt die Spaltung von Wesen und Erscheinung. Unser Bewusstsein des Körpers trägt das Gedächtnis der in Erscheinung getretenen Materie, und unser Affekt trägt das Gedächtnis der phänomenalisierten Leere. Tatsächlich besitzt unser Körper die Erfahrung seiner Trennung von der Materie, die für den Affekt im Allgemeinen durch die Trennung von der Mutter reaktualisiert ist. Unser Affekt baut sich somit auf der »Melancholie« auf, die unser Bewusstsein des Körpers von seinem nichterschaffenen Zustand der absoluten Materie hat, so wie die Seele sich auf der Sehnsucht nach der universellen Gesamtheit aufbaut. Es sind die Zwischenräume, die natürlichen Bewusstheiten der Individualität, deren »Begattung« das Bewusstsein des Geistes hervorbringt. Dieses Bewusstsein sehnt sich nach der Einheit, in der es sich mit dem Bewusstsein der Mutter befand und leidet an der Geschichte seiner Unterscheidung, so wie uns der Körper an der Geschichte seiner Geburt leiden lässt. Wenn die Psychologen uns die verschiedenen Stadien der psychischen Entwicklung beschreiben: orale Phase, anale Phase usw., dann sollten sie nicht übersehen, dass die gesamte Evolution die Wiederholung der körperlichen Geschichte durch die Psyche ist.

Wenn das sich inkarnierende Wesen vom Körper, der es aufnimmt, nicht anerkannt wird (und ich betone nochmals die Tatsache, dass ich vom Bewusstsein des Körpers der Mutter spreche und nicht von ihrem mentalen Bewusstsein), dann bleibt das Bewusstsein in Gefahr, sich in einem Medium zu inkarnieren, in dem es nicht lebensfähig ist, bleibt also auf das materielle Bewusstsein der Natur fixiert und nimmt den Körper nicht als Einheit in Besitz. Diese Differenzierungslosigkeit des Bewusstsein des Körpers wird im oralen Stadium wiederholt, und das Individuum wird sich oral fixieren. (Welchen Grund kann es geben, dass das mütterliche Körperbewusstsein das des Kindes nicht empfangen kann? Dass es sich selbst nicht vom materiellen Bewusstsein der Natur differenziert hat und nun durch die Empfängnis des Kindes als *Eins* dazu gezwungen wird die Unterscheidung zu objektivieren.) Man sieht hierbei, wie die Bewusstheiten der Natur die Mängel der elterlichen Bewusstheiten ersetzen. Um weitergehen zu können, muss ich erst auf die Dreidimensionalität der Bewusstseinsstrukturen zurückkommen.

Die bewusste Gesamtheit

Es gibt das Unbewusste des Universums, das Gedächtnis des Universums, das Bewusste des Universums, und die drei bilden zusammen das Universalbewusstsein bzw. die bewusste Gesamtheit. Sie enthalten jeweils das Unbewusste des Kosmos, das Gedächtnis des Kosmos, und das Bewusste des Kosmos. Die Erde, das sind die Bewusstheiten der Natur, die der universelle Mensch besitzt. Ihre Interaktionen sind die folgenden: das Unbewusste des Universums beinhaltet einen halbbewussten Teil, der das Unbewusste des Kosmos ist. Das Gedächtnis des Universums beinhaltet einen bewussten Teil, der das Bewusste des Kosmos ist, das Bewusste des Universums beinhaltet einen intuitiven Teil, der das Bewusste des Kosmos ist. Das Unbewusste des Kosmos ist der Affekt des Unbewussten des Universums. Das Gedächtnis des Kosmos ist die Psyche des Bewussten des Universums. Das Bewusste des Kosmos ist seine Sprache (seine schöpferische Aktivität, die Erscheinungswelt).

Das Bewusste des Kosmos ist unterteilt in das Unbewusste, das Gedächtnis, das Bewusste. Es objektiviert sich durch die Geschichte der Erde, welche das Bewusste, das Gedächtnis, das Unbewusste beinhaltet. Das Gedächtnis der Erdgeschichte ist die Mineralität und deren Aktivität. Ihr Unbewusstes ist das Gedächtnis des Kosmos. Ihr Gedächtnis ist das Bewusstsein des Kosmos.

Das Leben der Erde, ihre Aktivität, ihr Bewusstsein und ihr Gedächtnis reichen nicht aus, um die Ganzheit der universellen Geschichte zu objektivieren. Das Unbewusste dauert an und ist das Zeichen einer nichtphänomenalisierten Essenz. Die Erde unterteilt also ihr Bewusstsein in pflanzliches, tierisches und menschliches, was ausreichen würde, um die Gesamtheit seiner Geschichte zu objektivieren, aber es bleibt eine Essenz bestehen, die es zu phänomenalisieren gilt und die danach verlangt, dass die Individualität sich selbst offenbart, sodass die Teilung die Gesamtheit ausdrückt. Die Teilung ist der Ausdruck der Einheit, so wie die Harmonie der Ausdruck des Konflikts ist. Die Harmonie ist in Harmonie mit der Disharmonie, denn sie harmonisiert sich mit allem (Gott, Schöpfer von allem, um eine bekannte Sprache zu benutzen).

Die menschliche Individualität offenbart sich sich selbst gegenüber durch ihre Psyche, die die Dreiteilung wieder aufnimmt: Das Unbewusste, das Gedächtnis, das Bewusste und dies alles im Innern des Geistes selbst. Das Bewusstsein des Geistes gliedert sich in das Unbewusste (mineralisches Bewusstsein), das Gedächtnis (triebhaftes Bewusstsein), das Bewusste (Affekt), so wie der Geist selbst dreigeteilt ist. Ich bin mir des Gedankens, den ich fasse, bewusst. Mir ist sofort die Erinnerung des Objekts gegenwärtig, ich habe die Erinnerung davon, dieses Objekt gekannt zu haben, ohne es zu identifizieren. Dieses Bewusstsein ist die Pforte zum Inneren.

Man kann die mentale Wahrnehmung der Emotion, die von ihrer Unfähigkeit diese zu objektivieren eingeholt wird, als das mentale Unbewusste bezeichnen. Das Bewusstsein, das sich bewusst ist einen Gedanken zu äußern, d.h. das diesen durch seine Reintegration objektiviert hat, ist das mentale Gedächtnis. Das Bewusstsein, welches einen Gedanken mittels seiner Intuition, die es von seiner Entwicklung hat, aussendet, und das diese Intuition nicht integriert hat, ist das Bewusstsein vom mentalen Bewusstsein. Nur dieses letzte befindet sich im momentanen Augenblick. Allerdings sind wir es nicht gerade gewöhnt, durch dieses mit uns selbst zu kommunizieren. Wir haben die Gewohnheit, uns an eine dichtere Struktur zu halten (Rückerinnerung des mütterlichen Körpers), die mentale Erinnerung, die wir gemeinhin »Bewusstsein« nennen, und die uns aus diesem Grund immer in der Vergangenheit festhält (wenn Sie mit dem Mentalen vorgehen, ist es immer zu spät). Das Bewusstsein des Körpers, das ist im Jetzt, denn seine Bewusstseinsstruktur ist der Moment. Indes kann es nur dann wirklich aus sich selbst heraus handeln, wenn es keine Verankerung mehr in den Bewusstheiten der Natur hat. Es ist die Arbeit der körperlichen Übung, es dem Bewusstsein des

Körpers zu ermöglichen, den Körper als ein Transportmittel zu nutzen (d.h. die Schranke zwischen ihm und der Seele zu sprengen) und das Bewusstsein des Geistes als seinen Raum der Äußerung in Besitz zu nehmen. Solange diese Arbeit nicht getan ist, äußert der Körper die Bewusstheiten der Natur, und der Geist äußert die menschlichen Bewusstheiten des Kollektivs.

Die Substanz der Seele – weder Materie noch Leere – macht sie diesen Bewusstheiten unzugänglich und sichert die Aufrechterhaltung der Individualität (d.h. das Leben des individuellen Geistes), selbst wenn das Einzelwesen sich seiner selbst nicht bewusst ist. Ich hätte fast gesagt: »Gott sei Dank«, aber ich werde sagen: »Danke ... ?«.

Die Unwissenheit ist also keine Unfähigkeit des Bewusstseins, sondern eine Sicherheit. Das Aikidō ermöglicht uns den Körper und den Geist wieder in Besitz zu nehmen. Es ist eine innere Kampfkunst, bis sie nur noch Kunst ist. Ihre Inszenierungen der Angriffe zwischen den Bewusstheiten der Natur, des Kollektivs und des Individuums sind Wiederholungen der universellen Erfahrung der Teilung und der Einheit. Die Aiki-Handlung trägt die universelle Bewegung in sich, indem sie das Bewusstsein widerspiegelt. Die zwangsläufige Nicht-Entsprechung einer Darstellung mit deren Objekt gibt dem Individuum den Raum wieder, der aus der individuellen Seele – weder Wesen noch Erscheinung – das objektive Bewusstsein der universellen Gesamtheit macht.

Es ist also sinnvoll, die Kunst des Aiki wie eine äußere Leihstruktur anzugehen als einen befremdlichen Ort, wo sich die Bewusstheiten der Natur und des Kollektivs treffen. Es gibt einen Konflikt der Natur und der Kultur, in dem ich den Antagonismus von Kultur, Ästhetik und Kreativität ahne.

13

Der Weg und das Leben

*»Die Vollkommenheit existiert sehr wohl in dieser Welt, sie ist genau da,
wo wir das Anderssein wahrnehmen, ohne es zu verstehen.«*

Der WEG und das Leben sind ein und dieselbe Sache.
Getrennt stellen sie unsere beiden Bewusstseinsebenen
dar.

Das Leben ist stofflich, auf die Seele einwirkend und
geistig.

Der WEG ist nur dann wirklich der WEG, wenn er völlig von
allem Nicht-Geistigen befreit ist.

Das Bewusstsein des WEGES lässt unseren Geist bis in
unsere fundamentalsten, instinktiven Bedürfnisse eindringen.

Das Leben ist nur dann gelebt, wenn wir das Bewusstsein
unseres Weges vollkommen in uns aufgenommen haben. Dieser
einzigartige WEG kann weder enden noch beginnen, denn er ist
für jeden von uns eine Offenbarung des universellen Geistes.

Obwohl er sich kundtut, tritt er nicht in Erscheinung.

Er ist absolut. Er geht weit über die normalen Regeln der
Erscheinungswelt hinaus. In ihm liegt unsere spirituelle Essenz.
Der WEG ist der grundlegende Ausdruck unserer in Erscheinung getretenen Individualität. In diesem Sinn stellt er in unserem Bewusstsein die Dualität (Stofflichkeit / Leere) dar und
wirft unser Bewusstsein auf das Absolute der Materialität
zurück.

Dem WEG folgen bedeutet den umgekehrten Pfad gehen,
welcher zum reinen Geist führt, so wie das Leben zum Tod und
zur wiedergebärenden Bewegung führt.

Den WEG ausüben bedeutet zu akzeptieren, dass der Geist
sich wahrhaftig verkörpert und dass der Körper der Vermittler
zwischen dem essenziellen Leben und unserem Leben wird,
zwischen dem Bewusstsein des Universums und dem des
Menschen; des Kollektivs und des Individuums, der Vermittler

zwischen unserer Zeugung und unserer Rückkehr ins unstoffliche Leben.

Der Mensch, der sich bewusst ist auf seinem WEG zu sein, der fürchtet nichts, will nichts, wartet nicht mehr. Er bewertet nicht. Er hat weder Absichten noch Aprioris. Sein Bewusstsein gehört dem Mitgefühl. Seine Taten sind nicht von Zwängen oder Gewohnheiten bestimmt, sondern vom inneren Licht.

Er horcht auf den Teil in sich, der immer der göttlichen Ordnung angehört. Er akzeptiert deren Anwesenheit und Überlagerung mit seinem täglichen Leben. Er lässt die aus seinem Inneren keimenden Handlungen zu, und dadurch strömt die spirituelle Energie durch ihn hindurch, um dem Wesentlichen Ausdruck zu verleihen.

Durch das Bewusstsein erfüllt er seine Rolle als universeller Vermittler, so wie sein Körper diese für die Individualität erfüllt.

Er nährt das kollektive menschliche Bewusstsein in der Erwartung, dass es in der Lage sein wird das universelle Unbewusste zu integrieren.

Anlässlich einer Saharareise mit meinen engsten Schülern und einem Filmteam (wir drehten *Ikkyō*, einen Film über Aikidō), inspirierte mich das erstaunliche Schauspiel der wieder zu Sand werdenden Steine zu folgenden Zeilen über den WEG:

»[...] Unser essenzielles Leben öffnet sich uns wie diese Wüstenebenen, in die niemals ein Weg gezeichnet wurde. Jeder trägt in sich die intuitive Wahrnehmung des Ortes, an den er sich begibt. Jeder geht auf seinem eigenen Weg. Und welche Freude, nebeneinander zu reisen, ohne von irgendeiner Spur begrenzt zu werden, und welche Freude, dem fast ausgewischten Wirbelstrom eines Unbekannten zu folgen, der uns vertraut erscheint, weil dieser schon vor uns da war. Wir wissen, dass sein Ziel nicht das unsere war, aber wir können ihm folgen. Unsere Bahn ist einfacher, weil er die seine vollendet hat. Es taucht eine Hoffnung in der Dämmerung auf, nachdem jeder seinen Weg an diesem so gastfreundlichen Ort zurückgelegt hat, wo uns niemals ein Apriori der Natur Zwang auferlegt hat. Wir begreifen, dass unsere innere Reise über diesen Weg führt, der sich nach und nach beim Laufen entspinnt, und wir spüren, dass unsere Seele dieser Ort ist, an dem weder unser Geist noch unser Herz, noch unser Körper an Einsamkeit leidet …«

Das Erkennen des Unterschiedes

»Wenn Sie Gott suchen, so suchen Sie ihn in den anderen.« Alle werden Ihnen sagen, dass es darum geht, das Göttliche in sich zu suchen, in seinem Innersten – dem widerspreche ich nicht. Aber ich halte es für unmöglich, die Einheit bzw. das Wesentliche zu finden, solange man in Bewertungen verhaftet bleibt. Es stimmt, dass die innere Diskriminierung sich durch die äußere Diskriminierung ausdrückt, und dass diese nicht das Zeichen von Akzeptanz ist, sondern von Verweigerung der Unterscheidung. Wenn man den Unterschied nicht in sich sehen kann, dann ist man tatsächlich unfähig zur Einheit Körper / Geist zu gelangen, denn letztlich muss man ihre Verschiedenartigkeit anerkennen, wenn man zwei Objekte, zwei Vorstellungswelten, zwei Bewusstheiten vereinen will.

Das mentale Bewusstsein – der Ort, an dem die Selbstoffenbarung in Erscheinung tritt – muss den Körper als sein anderes objektivieren, um ihn als Bewusstsein und schließlich als Selbst in seiner geläuterten Form wieder zu integrieren.

Alles Sein, das Sie umgibt, Menschen, Tiere etc., ist Ausdruck des Bewusstseins Gottes, das Erscheinen des höchsten Wesens – also in diesem Sinn vollkommen. Die Vollkommenheit existiert sehr wohl in dieser Welt, sie ist genau da, wo wir das Anderssein wahrnehmen, ohne es zu verstehen.

Damit wir die Sache erkennen und sie erreichen, indem wir sie benennen; damit wir sie ignorieren und durch die Wahrnehmung unserer Unwissenheit erreichen.

Das Fehlende ist genauso gegenwärtig wie das Erworbene.

Dass wir die Welt durch »den Hunger« sehen, sind Reflexe des »Bauches«, die unsere Vorstellungen auf deren Besitzergreifen begrenzen.

Wir müssen unserem Unwissen danken, es erschafft den Raum des spirituellen Lebens. Ich sage hiermit nicht, dass man sich nicht bilden oder öffnen soll, sondern dass es darum geht, das Wissen bis an seine äußersten Grenzen zu treiben, damit unsere Bewusstheiten das Absolute durch das Unzugängliche erfassen.

Sie alle, die mich umgeben, sind vollkommen perfekt; und wenn ich Sie nicht so sehe, dann weil ich es nicht schaffe dieser andere Pol zu sein, weil ich es nicht schaffe die Harmonie mit dem zu finden, was mein Bewusstsein von Ihnen wahrnimmt: mein Bewusstsein kann sein anderes Inneres nicht finden, mein »Gleiches als Licht«, um nochmals *Die Antwort der Engel* von Gitta Mallasz zu zitieren. Mein Individualitätsbewusstsein muss diesen Weg beschreiten. Weder seine Integrität noch seine Einheit sind durch die Unterscheidung bedroht, und seine Grenzen sind Ausdruck des Göttlichen. Wenn der andere[46] existiert, so doch, um in ihm von der Vollkommenheit zu sprechen, die aus der Verschiedenartigkeit erwächst, der Vollkommenheit, die aus seinem Unvermögen entsteht.

Dieser Gegenpol sein, der die Harmonie zwischen sich und den anderen schafft, das bedeutet auf dem Weg zu sein, der dahin führt sich selbst zu vergessen (*ga wasureru no michi*), sagt Sensei Kobayashi.

Dieses »Selbst« ist eigentlich nur der Ausdruck der karmischen Erinnerungen anhand einer materiellen Struktur, die weder wirklich die Substanz des Individuums ist noch das Wesen der Individualität, sondern die Erinnerungen der Geschichte seiner Phänomenalisierung.

Dieses »mich«, dieses »*watashi ga*« (»es handelt sich um mich«) kann nur vergessen werden; es zu verdrängen oder sich dagegen zu wehren, würde es nur noch mehr verstärken, denn der Kampf geht ja von ihm aus.

Das Sich-selbst-Vergessen des Bewusstseins ist der Zugang zur Unterscheidung und überwindet die Unwissenheit. Ein Überschreiten durch das Zulassen der Unwissenheit und nicht durch den Zugang zum Wissen. Eine Sicht, die nicht die Schönheit der geschaffenen Welt sieht, ist verschwommen, denn sie sieht nicht das Wesentliche. Das Sehen ist wie das Bewusstsein: gefangen und fixiert in seiner Inkarnation. Seine

---

46 »L'autre« ist im Französischen nicht geschlechtsspezifisch definiert. Die deutsche Übersetzung meint also immer mit »der Andere« auch »die Andere«. (Anm. d. Übers.)

denkende Stofflichkeit besitzt nicht die Fähigkeit das Unbekannte zu begreifen, so wie das Sehen nicht das Unsichtbare sieht, das Nicht-Erscheinende.

Alles, was anders ist als das Bewusstsein, ist das Unbekannte, alles was anders ist, existiert im Bewusstsein des Universums und ist dadurch in unserem Bewusstsein des Körpers potenziell vorhanden.

Den anderen als absolut anzuerkennen, auf den man weder Macht noch Werturteil ausübt, das bedeutet, mit sich selbst voranzukommen in der spirituellen Intimität. Die Nichtbewertung in sich einzulassen bedeutet einen Schritt auf dem Weg der Toleranz zu gehen und auf »Gott« zuzugehen.

In uns existiert ein Ort, ein Raum, der weder Körper noch Geist ist, weder Bewusstsein des einen noch des anderen, sondern beides zur Hälfte: das Herz. Gefühl und Gewalt sind Mittel, die es zwei gegensätzlichen Bewusstseinsräumen ermöglichen miteinander zu existieren, miteinander zu erschaffen und zwar sowohl dann, wenn es sich um Innenräume des einen handelt, als auch wenn es um das Bewusstsein geht, anders zu sein.

Leid und Mitgefühl

Emotion, das ist die Fähigkeit alles Seienden bzw. der Betroffenen, zum Gleichgewicht zurückzukehren – und zwar auch dann, wenn die Beziehung gewaltsam ist, auch wenn die Emotion sich so stark verdichtet, bis sie pathologisch wird, selbst wenn die verfestigte kollektive Emotion einen Krieg auslöst. Die frohe, glückliche oder leidende Emotion ist der Raum der Darstellung der beiden Welten.

Das Mitgefühl, diese Fähigkeit des »Mitleidens«, ist jene Kraft des Herzens, welche die Erfahrung und sinnliche Wahrnehmung transzendiert und zur Leidenschaft wird. Ich leide an allen Qualen der Welt, und ich leide nicht daran zu leiden. Ich akzeptiere es. Ich wünsche dieses Erdulden, damit meine Seele es überwinden und aus ihm ein Glücksgefühl entstehen lassen kann.

Ich weiß, dass das Leid Zeichen der Anwesenheit des Bewusstseins Gottes ist. Die Einheit und Übereinstimmung mit diesem herzustellen, das ist mein Ziel als Mensch. Nicht, dass zu leiden mir gefällt, sondern weil leiden das Bewusstsein nährt und die Integration dieser Nahrung die offene Tür zur Freude ist, zum Glück, zur Verwirklichung, zur Einheit mit allem, mit ihm. Ja, der andere ist perfekt in seinem Schmerz, in seiner Gewalt, in allem, was ihn ausmacht, denn dadurch harmonisiere ich mich mit ihm.

Die Kraft, diese Essenz, die aus der Harmonie, dem Leben, der universellen Intelligenz entsteht, ermöglicht mir, das Leid als Mittel für den Einstieg ins Glück zu nutzen. Ich leide mit allem was leidet, ohne das Leid zu dramatisieren. Ich lasse es, vergesse mir meiner selbst bewusst zu sein, um nur diese Gesamtheit zu sein, um wahrhaftig in diese Welt hineingeboren zu werden.

Die Unvollkommenheit meines Seins ist nicht die Unvollkommenheit des Wesentlichen, sie ist ihre Vollendung, ihre verwirklichte Form und die Integration des Schmerzes durch das Mitgefühl, durch die Teilnahme an den Lebewesen im Allgemeinen: sie ist Fülle. Das Leiden entsteht aus dessen Abwehr. Nur durch das Zulassen des Leidens kann das Leid überwunden werden, denn es führt zur Veränderung, zur Bewegung, zum Leben.

Leben und leiden, geboren werden und leiden, sterben und leiden, wieder geboren werden, um zu leiden. Ja, der Mensch wird geboren, leidet und stirbt, und das ist weder Resignation noch Fatalismus, noch Kapitulation. Im Gegenteil, es ist der erste Schritt auf dem Weg des Lichts, der Freude, der Liebe. Lieben, das heißt alles, was mir zu leben gegeben wurde, zu lieben.

Ich bin dieser unendliche und ewige Raum, in dem sich alles ausdrücken kann, und wenn ich Glücksmomente genieße, dann bedaure ich nichts. Das Glück hat diese Momenthaftigkeit der naiven Freude und diese unendliche Dauer der Gelassenheit, der Seelenruhe.

Gott ist zuerst im anderen, dem anderen Lebenden und im anderen meines Bewusstseins. »Liebet einander« bedeutet nicht: »Bleibt still, greift einander nicht an«, so wie man zu seinen Kindern sagt, sie sollen nicht streiten, weil ihre Rivalität unseren inneren Elternkonflikt widerspiegeln würde. Nein, Gott ist nicht der Schuld zuweisende Vater, der schuldig ist, richtend, also schuldig, strafend, also schuldig und sich selbst bestrafend.

Wenn Christus sagt, wir sollen uns lieben, dann meint er, dass wir uns untereinander andere »Wir-Selbst« suchen sollen. Er spricht von der Vollendung des Unterschiedes und dass es der Weg des Mitgefühls ist, also ein urteilsfreier, welcher uns zu unserem eigenem Ruhm, unserer Einheit, unserem »wahren Selbst« führt. Derjenige, welcher dich schlägt, dich angreift, das bist du selbst, immer du selbst, der dich selbst schlägt, der dich selbst angreift.

Ich fordere Sie nicht auf zu glauben, was ich sage: ich warne Sie davor daran zu glauben. Ich bitte Sie darum, es in Ihrem Leben zu versuchen und auszuprobieren.

Zuerst in den ganz einfachen Dingen, in kurzen Begegnungen, in kleinen Ereignissen. Wenn Ihnen dann gar nichts mehr fremd ist, wenn der andere dieses Sie-Selbst des Lichtes sein wird, dann werden Sie begreifen, dass es keinen Grund gibt das Leid zu bekämpfen, weist es uns doch nur auf den Unterschied hin und sagt uns, wie wir die Einheit erreichen können. Das Leid ist »diese Kritik«, die uns zeigt, wozu wir Menschen fähig sind.

Ich bin genauso ergriffen vom Leid der Welt wie Sie und nehme trotzdem an ihrer Freude teil, und ich weiß auch, dass man Freude nicht erzwingen kann, und deswegen darf man den Schmerz nicht unterdrücken. Den Schmerz zum Schweigen bringen, ohne ihn einzugliedern, ist wie das Ausschalten des Lichts, um die Gefahr nicht zu sehen, es ist wie ein Zum-Schweigen-Bringen Gottes selbst.

Ich segne alle, die mich mit meinem inneren Leiden in Verbindung gebracht haben, und ich danke den Hindernissen, die mir auferlegt wurden und weiterhin werden. Wenn es möglich wäre, ohne überheblich sein zu wollen, das Leben um etwas zu bitten, so würde ich nach Prüfungen fragen. Aber Vorsicht, ist das nicht ein Zeichen von Hochmut, noch stärker gefordert werden zu wollen? Ist das nicht dem Leben Trotz bieten, nach mehr zu verlangen, wo doch um mich herum überall Schmerz ist?

Jeder kommt mit seiner Bestimmung, und wenn ich die meine geregelt habe, dann Herzlich Willkommen für die aller anderen. Falls die Aufgabe Ihnen schwer zu bewerkstelligen erscheint, für Sie selbst und für die anderen, dann erinnern Sie sich einfach daran: nichts wird Ihnen abverlangt, was Sie nicht verwirklichen können.

Was Ihnen zugewiesen wird, gebührt Ihnen, und bringen Sie die anderen nicht um ihre Aufgaben, um ihren Versuch. Ich denke dabei vor allem an die Kinder, für die man alles tun will. Vergessen wir nicht, dass sie hier sind, weil sie ihre eigene Aufgabe haben – und genauso mit unseren Schülern. Bringen wir sie, wenn wir können, auf ihre eigenen Wege, das reicht, und leiden wir mit ihnen unseren eigenen Teil.

Manche meinen, dass dieser Glaubensberuf des Leidens keinen Platz für Freude und Glück lässt. Das ist keineswegs so. Die Welt hat sich aus der Dualität gestaltet, und diese erschafft ein Bewusstsein, welches davon zeugen muss. Solange dieses Bewusstsein zwischen seiner doppelten Projektion auf die gegensätzlichen Pole der Dualität hin und hergerissen ist, solange gibt es wirkliches Leid. Solange wir, wir leidenden Bewusstheiten, gespalten sind zwischen Leid und Glück, solange gibt es nur Leid, denn nichts entwickelt sich diesbezüglich weiter, seitdem das Bewusstsein durch die Anfangsdualität erzeugt wurde.

Wenn wir das Leid der Spaltung zu einem Ganzen vervollständigen, dann entsteht das Erleben des Glücks.

Es ist vergeblich, die Wunde zu verleugnen, sonst kann sie sich nicht schließen. Objektivieren wir sie und leben wir das Glück, welches das wieder vereinigte Bewusstsein uns zu leben anbietet. Dieses Gleichgewicht, welches weder wahr noch falsch ist, weder Stabilität noch Mobilität, weder Lehre noch Anarchismus beinhaltet, dieses Gleichgewicht, welches weder ich in mir noch ich im anderen, noch der andere in mir ist, dieser Bewusstseinsraum, der auch nicht Zeit ist, dieses Bewusstsein, das sich selbst und seine Natur als Bewusstsein aufgeben muss, um vollkommen und ganz Bewusstsein zu sein: all das ist nicht der Ort des Suchens – denn ihn zu suchen führt uns nicht hin, und ihn zu finden würde aus ihm einen anderen Ort machen – es ist das eigene Vergessen des Bewusstseins selbst, das Sich-Vergessen durch sich selbst. Der wahre

Aufbruch, das wahre Nomadentum ist genau dort: wenn das »ich« das »mich« wie einen vergessenen Koffer auf dem Bahnsteig lässt.

Aggression, die Forderung nach Liebe

Das Aikidō lehrt uns: »Wenn dein Angreifer dich schlägt, so deshalb, weil sein Körperbewusstsein in Austausch mit dir tritt, seine Geschichte und Erfahrungen ihm aber nicht genug Kraft geben, um dies mittels seines Geistesbewusstseins zu erkennen. Es mangelt ihm, hat ihm an Liebe gemangelt. »Schließen Sie Ihren Gegner in Ihr Herz«, sagt Ō-Sensei Ueshiba.

»Jegliche Aggression ist ein Hilferuf, eine Ruf nach Liebe. Wenn dir Gewalt angetan wird, dann lass diese als Licht auf deine Fähigkeit strahlen, jenes, wonach sie dich fragte, zu geben. Lehne nicht ab. Weise nicht zurück. Werte weder im Guten noch im Schlechten. Nimm diese dein Bewusstsein nährende Energie, indem du dich als seiendes Wesen offenbarst. Mit dem Herausforderer ist die Harmonie möglich, du kannst dich mit ihm vereinen, denn er wendet seinen Hilferuf an dich wegen der Unfähigkeit diese Harmonie zu finden.

Er braucht dich als fähigen Pol, um seine zerstörerische Energie zu polarisieren, damit er sich davon befreien kann. Du, Aikidōka, akzeptiere ihn, liebe ihn vor allem, auch wenn du noch kein Vertrauen in deine Liebesfähigkeit hast, denn wisse, dass in Kampf- und Liebessituationen das Vertrauen durch dein Bewusstsein verzehnfacht wird, denn in der Gegenwart herrscht keine Angst.«

Ich glaube, dass die Funktion der Körperarbeit vor allem darin besteht, die Kommunikation zwischen zwei Bewusstheiten, innerer und äußerer, zu ermöglichen. Und wenn mein Versuch, den Inhalt und Zustand meines Bewusstseins nach der Aikidōarbeit durch eine verstandesmäßige Ausführung zu vermitteln, vielleicht nicht ausreicht, so ist das Unternehmen eines »Versuchs« und seiner Mängel und der Fragen, die er aufwirft, gerade das Mittel für jeden Einzelnen, um seinen persönlichen Weg vom Bewusstsein des Geistes zum Bewusstsein des Körpers zu gehen und umgekehrt.

Im Reden »verrate« ich die Methode Kobayashi Senseis, aber ich verrate nicht den WEG. Ich weiß, und er sagt es selbst, dass unsere WEGE persönlich sind, selbst wenn der WEG der WEG ist und in diesem Sinn unabänderlich.

Am 14. September 1992, um Mitternacht, in Akuba, im Nord-Westen von Honshū, schrieb ich folgende Zeilen, die ich Ihnen heute als einfaches Zeugnis entscheidender Momente eines persönlichen WEGES überliefere:

»Heute, am 14. September 1992 in Akuba, habe ich die Harmonie gefunden, der Einklang ist vollbracht. Das *hana no michi*[47] existiert wirklich. Zwischen meinem Aikidō und meinem Leben hat mein *Aikitaisō* seinen Platz gefunden, und ich habe meinen Platz neben meinem Meister in dieser Reihe der Nachfolger auf dem WEG des *aiki* gefunden.

Ich möchte all denen, Menschen oder anderen Lebensformen, danken, die mir Wissen, Kraft, Beistand und Hindernis, Prüfung, Zweifel und Widerstand entgegengebracht haben. Ich danke dir, Meister, mich in mein Inneres geführt zu haben, bis ich die Notwendigkeit und die Mittel fand, wieder hinauszugelangen, und ich danke auch dir, der alten Dame, die es verstand mit wenigen Worten und viel Liebe mein Stottern als ›Möchtegern-Anfänger‹ hinwegzufegen.

Dank euch beiden und allen Reisegefährten. Heute Abend sehe ich mich und ziehe den Mantel des ›Liebesbettlers‹ ein für alle Mal aus. Von jetzt an schreite ich mit euch allen, aber ich gehe allein.«

Heute sage ich, dass der Mensch der Clown Gottes ist, sein Künstler, und ich bezeichne das Aikidō als Kunst, und ich lasse die Vorsilbe »Kampf-« weg, weil für mich das Aikidō dieses Wort nicht mehr braucht.

---

47 »Blumenpfad«, die Brücke, der Steg, der es dem Nō-Schauspieler ermöglicht, von *kogami no mae* (»vor dem Spiegel«, also dem Ort, wo er die Maske aufsetzt) bis zur Bühne zu gehen.

Schlussfolgerung 1
Authentizität

Aufrichtigkeit ist der Knochen,
der Festigkeit und Gestalt verleiht.

Bushidō-Prinzip

Wenn ich mich zu meiner Praxis zurückwende und auf meine Schriften zurückkomme, dann sehe ich dasselbe Zögern, dieselben Spannungen und vor allem dieselben Grundelemente, die mich nährten, jene, die einerseits Gift für mein Bewusstsein waren und andererseits die Bedingungen seines Aufblühens.

Ja, ich wurde mit der Legende des Aikidō konfrontiert, mit der übernatürlichen Macht Ō-Sensei Ueshibas, mit den epischen Schriften seiner Schüler, aber meine Praxis hat mir ermöglicht die Notwendigkeit zu begreifen, die Geschichte neu zu erfinden.

Ja, ich erhielt eine mystische Sprache, und ich habe mich der Botschaft, die sie vermittelte, angeschlossen, weil mein aufkeimendes Bewusstsein Angst vor der Einsamkeit hatte, aber meine Praxis hat mir ermöglicht, die Realität dieses Bewusstseins und seine Unabhängigkeit von jeglicher Form der Spiritualität zu erfassen.

Ja, ich habe an eine positive Ideologie des Aikidō geglaubt, an eine bessere Welt und an das Glück, das ich hatte, an dessen Aufbau teilzuhaben, aber meine Praxis hat mir ermöglicht zu sehen, dass die Welt, in der wir leben, ideal ist, denn sie objektiviert unsere Bewusstheiten in dem, was sie wirklich sind, uneins in der Suche nach dem Absoluten.

Ja, ich habe einen Meister und sein Wissen idealisiert, aber meine Praxis hat mir ermöglicht, endlich einem Menschen zu begegnen und in mir einen Menschen anzuerkennen.

Ja, ich wurde in der sanften Weisheit des asiatischen Erbes gewiegt, aber meine Praxis hat mir ermöglicht den einzigen Wert zu begreifen: den Moment.

Ja, ich glaubte an das Satori, aber meine Praxis hat mir ermöglicht, es im Alltäglichen zu sehen.

Ja, ich benutzte die Worte Karma, Gott, Schicksal, Mitgefühl, universelle Liebe, aber meine Praxis hat mir ermöglicht, mein Denken von meinem Bewusstsein zu unterscheiden.

Ja, ich habe die Eigenschaften und Tugenden des Budōka gesehen und versucht sie mir anzueignen, aber meine Praxis hat mir ermöglicht, die höchste Tugend zu erfassen, das Einverständnis mit mir selbst.

Ja, ich habe das Unglück auf mich genommen, aber meine Praxis hat mich gelehrt, dass die Prediger, selbst diejenigen, die ernsthaft und aus edlen Motiven predigen, Lügner sind.

Ja, ich lernte Ja zu sagen wie die japanischen Schüler, die man zwingt Ja zu sagen, »*hai*« zu jedem Wort des Meisters, aber meine Praxis hat mir ermöglicht Nein zu sagen.

Ja, ich habe Sie in diesem Werk von einem Widerspruch zum anderen auf dem Weg geführt, der der meinige war, chaotisch, waghalsig, aber meine Praxis hat mir gezeigt, dass nur der Ausdruck unserer wahren Emotion, der Emotion, die wir sind, der Weg ist, der dahin führt, sich selbst zu kennen.

Ja, ich wollte dem Weg folgen, »der dazu führt sich zu vergessen«, aber meine Praxis hat mich gezwungen mich meiner selbst zu erinnern.

Ja, ich verbrachte mein Leben damit, mit meinem Körper Fragen an meinen Körper zu stellen und ich erhielt Antworten.

Ja, ich habe die Spiritualität des Himmels, der Unendlichkeit, des Universellen von da, wo sie sich normalerweise zeigt, zum Inneren eines jeden von uns verschoben – und sogar der geerbte Glaube, sogar die erhaltene Kultur, sogar die Worte, die seit Millionen Jahren existieren, sogar die stärksten Symbole der heiligen Bücher, sogar die Tradition, sogar das soziale Modell, sogar das Wissen konnten nichts gegen diese Bewegung tun. Die Bewegung, die Ihre Seele und Ihr Körper im Aikido macht – nichts kann sie verhindern.

Ich glaube nicht mehr an die menschliche noch göttliche, noch universelle Liebe, und eben deshalb bin ich mir ihrer gewiss. Wir brauchen Worte, um uns zu benennen, und wir brauchen die Stille, um uns zu sehen. Wir brauchen nichts, um zu sein. Sicher, das »Ja zu dem was ist« flößt uns eine unendliche Energie ein, aber die Worte, die damit nur allzu oft einhergehen, wollen doch nur dieses Aufsprühen abblocken. Die Mystik der aufgesetzten Spiritualität will sich an die Stelle der wahren Emotion setzen, welche aus der universellen Regung, dem »*ich*« entsteht. Glauben Sie nur nicht, dass ich hier eine Lobrede an das Ego halte, ich sage nur, dass Ihr Leben in Ihnen wohnt, selbst wenn es vom Leben abstammt, und dass die Identität die Natur alles Lebendigen ist.

Es ist nur eine Hälfte von Ihnen, die dieses Ich begrifflich fasst, es ist nur eine Hälfte von Ihnen, die es ignoriert, und es ist die Ganzheit, die es lebt.

Streitet man Ihnen diese Einheit ab, schon erkennt man sie an. Es ist nutzlos, darum zu kämpfen, sie zu bewahren. Man kann sie nicht entfremden, und sie ist unverwundbar. Dafür zu kämpfen, dass man sie erreicht, ist unbarmherzig. Ihre Suche, die berühmte Suche nach der Einheit von Körper und Geist, ist ein Trugbild genauso wie die Suche nach Gott. Akzeptieren Sie den anderen wahrzunehmen, und Sie werden Zugang zu sich finden ohne den Konflikt mit diesem »*Sie*«. Der Höhenflug Ihres Bewusstseins beginnt erst mit ein paar Flohhüpfern als Abbild der Millionen Würfe, zu denen uns das Aikidō zwingt, und als Dank einer dieser Würfe fällt die Seele im Körper an ihren Platz zurück und der Körper kann endlich abheben. Ist die Hoffnung, dem Glauben das Genick zu brechen, nicht wieder ein Glaube? Ist das schlimmer als dieser Bekehrungseifer der Gedanken des Herzens, den die »Spiritualisten« von heute mit Vehemenz gegen uns aufwiegeln in der Hoffnung, darin unsere wahren Gefühle in einem neuen Glauben einsperren zu können? Wahrhaftig, nichts entflieht dem Denken so sehr wie das Bewusstsein selbst.

Ich übermittle Ihnen jetzt einige Schriften von verschiedenen Autoren, die mich auf meinen Weg gebracht haben, auch wenn sie weit entfernt davon erscheinen. Eigentlich sind sie nicht weiter weg als bestimmte unserer Worte es von uns selbst sind und die doch unfehlbar zu uns hinführen.

Als erstes *Bushidō – die Seele Japans*[48], das Buch von Inazō Nitobe über den traditionellen Verhaltens- und Ehrenkodex.

Aufrichtigkeit oder Gerechtigkeit

»Ich fange mit der Aufrichtigkeit an, da diese die zwingendste Vorschrift im Gesetzbuch des Samurai ist. Nichts ist ihm widerwärtiger als heimtückisches Handeln und krumme Wege. Der Begriff der Aufrichtigkeit mag ein engherziger, selbst ein irrtümlicher sein. Ein wohl bekannter *bushi* erklärt sie als die Kraft des Entschlusses: ›Aufrichtigkeit ist die Kraft, ohne Zaudern in Übereinstimmung mit der Vernunft einen gewissen Weg einzuschlagen.‹ Ein anderer spricht in folgenden Ausdrücken davon: ›Aufrichtigkeit ist der Knochen, der Festigkeit und Gestalt verleiht. Wie sich der Kopf nicht ohne Knochen auf der Wirbelsäule halten könnte, wie die Hände sich nicht ohne sie bewegen und die Füße nicht ohne sie stehen könnten, so könnten ohne Aufrichtigkeit weder Talent noch Gelehrsamkeit aus einer menschlichen Gestalt einen Samurai machen. Wo sie ist, wird das Wissen nicht vermisst.‹ Selbst in der späteren Zeit des Feudalismus, als der lange Frieden in das Leben der Krieger Ruhe brachte und damit Zerstreuungen aller Art und Beschäftigung mit edlen Künsten, selbst da galt das Beiwort *gishi* (›aufrichtiger Mann‹) mehr als jeder Ausdruck, der einen Gelehrten oder Künstler auszeichnete. Die 47 Getreuen – die in unserer Erziehung so häufig bemüht werden – sind in der Umgangssprache als die 47 *gishi* bekannt.

Aufrichtigkeit ist auch ein Zwillingsbruder der Tapferkeit, einer anderen kriegerischen Tugend.«

Mut, der Geist des Wagens und des Ertragens

»In seinen *Gesprächen* erklärt Konfuzius den Mut, indem er, wie es seine Art ist, das Gegenteil davon erklärt. ›Bemerken, was recht ist‹, sagt er, ›und es nicht tun, beweist Mangel an Mut.‹

48 Erstmals erschienen 1898, mehrfach neu gedruckt im Werner Kristkeitz Verlag Heidelberg.

Stellt man diesen Satz bejahend hin, so lautet er: ›Mut heißt tun, was recht ist.‹ Sich allen möglichen Gefahren aussetzen, sein Leben wagen, dem Tod ins Auge schauen – das alles wird nur zu oft mit Tapferkeit gleichgesetzt, und ungerechterweise findet solch vorschnelles Handeln im Waffenberuf häufig Lob; nicht so in den Vorschriften der Ritterschaft. Der Tod, den man um einer unwürdigen Sache wegen erleidet, wurde ›der Tod eines Hundes‹ genannt. ›In das Getümmel der Schlacht hineinstürzen und darin erschlagen werden‹, sagt ein Prinz aus Mito, ›ist leicht genug, und der erstbeste Flegel kann es.‹ Aber er fährt fort: ›Wahrer Mut ist zu leben, wenn es recht ist zu leben, und nur dann zu sterben, wenn es recht ist zu sterben.‹«

Und Platon: »Wissen um die Dinge, die ein Mann fürchten muss, und die, die er nicht zu fürchten braucht.«

Die platonische Definition führt uns zu den Stoikern, denn sie ist auch deren Vorstellung. Tapferkeit, Unerschrockenheit und Mut sind Ausdruck der edlen Seele. Ein wirklich tapferer Mann bewahrt immer seine innere Ruhe und Klarheit. Nichts verwirrt sein Seelengleichgewicht. Bei Katastrophen, Gefahren, Schmerzen und Tod wahrt er seine Selbstbeherrschung.

Unerschütterlichkeit ist Mut im Ruhezustand. Sie ist die bewegungslose Offenbarung der Tapferkeit, deren kühne Handlungen ihr dynamischer Ausdruck sind.

Beherrschung und Unerschütterlichkeit sind weder Zwang noch Einschränkung, noch Starrheit, sondern Entspannung und Frieden, die aus der Abwesenheit der Angst entstehen. Die Abwesenheit der Angst resultiert aus der Fähigkeit, sich ohne Vorbehalt einer über uns hinausgehenden Wahrheit völlig hingeben zu können. Dieser innere Frieden gibt die Gewandtheit gegenüber der Gefahr, selbst wenn sie extrem ist.

Genauso improvisierten die mit sittlicher Eleganz ausgestatteten Samurai auf dem Schlachtfeld oft Gedichte zu Ehren ihrer Feinde, deren Tapferkeit, Tüchtigkeit und Klugheit sie zu schätzen wussten.

Ein Samurai sagte: »Ein tapferer Mann, ein Ehrenmann, hält in Kriegszeiten die für seine Feinde, die er in Friedenszeiten für würdig hält seine Freunde zu sein. Der Erfolg eines geschätzten Feindes ist auch der des Samurai.«

Auf dieser Ebene der Ehrenhaftigkeit ist die normale Haltung gegenüber den anderen eine hohe Menschlichkeit, welche die Güte hervorbringt.

Güte

Nitobe fährt fort: »*Bushi no nasake* – die Zartheit eines Kriegers –, dieser Ausdruck hat einen Klang, der an das rührt, was edel in uns ist.« Diese Zartheit ist die Güte, die eine Empfindung der virilen, bewussten Barmherzigkeit ist, ausgeglichen durch einen klaren, stabilen Verstand. Die Tapfersten sind die Zartesten, die Liebenden sind die Kühnsten.

Die Barmherzigkeit kann, wenn sie nur ein Reflex ist, Gefühlen zu Grunde liegen, die scheinbar menschenfreundlich sind. Doch ist sie oftmals nichts anderes als die Übertragung von Bedürfnissen, Schwächen, Ängsten oder eine Zwangsvorstellung der Schuldgefühle.

Aber wenn sie bei einem Mann auftaucht, der die Aufrichtigkeit und den Sinn der Ehre kennt und dessen Tapferkeit wahrhaftig ist, dann ist sie rein. Seine Menschlichkeit ist wahrhaftig. Nur derjenige, welcher stark, uneigennützig, Herr über sich selbst ist, kann eine wirklich authentische Barmherzigkeit und Güte besitzen.

»Die Vergebung ist die Auszeichnung des Kriegers«, versicherte Mahatma Gandhi. Die Stärke hat für einen selbstlosen Mann nur den Zweck, die Schwäche zu schützen. Die physische oder moralische Schwäche oder die des besiegten Gegners haben ein Anrecht auf den Schutz des Starken. Das ist die Wahrhaftigkeit der Stärke und ihre Ehre.

Eine altmodische Maxime des Bushidō sagt: »Es steht dem Jäger nicht an, einen Vogel zu töten, der bei ihm Zuflucht sucht.«

Schönheit

Gleichermaßen wie der Kultur der Kampfkünste und den männlichen Tugenden widmen sich die *bushi* dem Sinn der Schönheit: in der Musik, den Künsten und der Dichtung entwickelten sie eine auserlesene ästhetische Sensibilität. Die

Empfindsamkeit und die große Sanftheit des Ritters geben ihm die Möglichkeit, an den Leiden der anderen teilzunehmen. Der Respekt gegenüber den anderen, die Bemühung und Sorge sie zu ehren und ihnen keine unnötigen Wirren und keinen Kummer zu verursachen, führten ihn dazu, in sich die Ritterlichkeit und Höflichkeit zu entwickeln.

Anschließend ein Ausschnitt aus dem Werk von Miyamoto Musashi, *Gorin no shō*, dem *Buch der fünf Ringe*. Am 12. Mai 1645 schrieb Meister Musashi, als er sein Ende nahen spürte, über »Den WEG, den man allein zu gehen hat«:

- Nicht gegen den unabänderlichen Weg durch die Zeiten verstoßen;
- vermeiden, die körperliche Lust zu suchen;
- in allem unparteiisch bleiben;
- während des ganzen Lebens niemals habsüchtig sein;
- keinerlei Reue bei Unternehmungen haben;
- niemals den anderen um Gutes noch um Schlechtes beneiden;
- sich niemals durch irgendeine Trennung betrüben lassen;
- keinerlei Groll bzw. Rachsucht oder Feindseligkeit gegen sich selbst oder andere hegen;
- keine Sehnsucht nach Liebe haben;
- keine Vorliebe irgendwelcher Art haben;
- niemals die Bequemlichkeit suchen;
- sich niemals, in keinem Moment des Lebens, mit wertvollen Objekten umgeben;
- nichts für falsche Überzeugungen aufgeben;
- sich niemals von anderen Objekten außer den Waffen verführen lassen;
- sich völlig dem WEG verschreiben, ohne selbst den Tod zu fürchten;
- selbst im Alter keinerlei Bedürfnis hegen, Güter zu besitzen oder zu benutzen;
- die Buddhas und Gottheiten verehren, ohne sich auf sie zu verlassen;
- niemals den Weg der Taktik aufgeben.«

Meister Musashi starb am 19. Mai 1645 im Alter von 62 Jahren.

Ich möchte noch einen Ausschnitt aus dem Werk von Sunzi über die Kunst des Kriegers[49] zitieren, der mir ganz besonders interessant erschien:

»Im Kampf im Allgemeinen die normale Kraft benutzen, um den Kampf zu beginnen, die außergewöhnliche Kraft benutzen, um den Sieg davonzutragen. Aber die Mittel der Experten in der Anwendung der außergewöhnlichen Kräfte sind genauso unbegrenzt wie die von Himmel und Erde, genauso unerschöpflich wie die Ströme der großen Flüsse. Tatsächlich gehen sie zu Ende und entstehen wieder neu, genauso zyklisch wie die Bewegungen der Sonne und des Mondes. Sie sterben und werden wieder neu geboren in immer währender Wiederholung wie die vergehenden Jahreszeiten.

Es gibt nur 5 Musiknoten, aber ihre Zusammenstellungen sind so zahlreich, dass es unmöglich ist sie alle zu hören. Es gibt nur 5 Grundfarben, aber ihre Zusammenstellungen sind so unzählbar, dass es dem Auge unmöglich ist, sie alle wahrzunehmen. Es gibt nur 5 Gerüche, aber sie ergeben so unterschiedliche Mischungen, dass es unmöglich ist, alle zu kosten.

Im Kampf existiert nur die normale Kraft und die außergewöhnliche Kraft, aber ihre Zusammenstellungen sind unbegrenzt. Kein menschlicher Geist kann sie alle erfassen, denn diese beiden Kräfte nähren sich gegenseitig, und ihre Beziehung ist ohne Ende, so wie die von ineinander greifenden Ringen. Wer kann schon sagen, wo der eine beginnt und wo der andere aufhört? Wenn das Wasser des Wildbachs die Kieselsteine ins Rollen bringt, so Dank seiner Wildheit. Wenn der Falke plötzlich den Körper seiner Beute bricht, so weil er genau im beabsichtigten Moment zuschlägt.«

M. Jazarin schreibt in seinem Werk *Jūdō, Schule des Lebens*[50]: »Wie erreicht man diesen ritterlichen Geisteszustand, der untrennbar vom Jūdō ist? Indem man zuallererst das Dōjō, den Meister und den Partner nicht nur durch eine äußerliche Haltung respektiert, sondern durch eine wahrhaftige und

---

49 *Wahrhaft siegt, wer nicht kämpft. Die Kunst des Kriegers*, von Sunzi, Bauer Verlag Freiburg
50 nicht in deutscher Sprache erhältlich.

ehrliche. Weiterhin, indem man von jeglicher Kritik an den anderen rigoros Abstand nimmt. Und zuletzt, indem man seine Kritik ausschließlich der persönlichen Verwendung vorbehält. Aus dieser Haltung entsteht ganz natürlich eine vollkommene Ehrenhaftigkeit gegenüber den anderen. Die eifrige, beharrliche Arbeit lässt uns die Kritik der anderen als positive Faktoren zur eigenen Weiterentwicklung annehmen. Versuchen wir daher diese ritterliche Einstellung und diesen ritterlichen Geist in unser Leben zu integrieren, auch und vor allem wenn uns das schwer fällt.«

Und lassen Sie mich zuletzt Richard Bach zitieren:
»Die Möwe war, wie ich wusste, sehr weise. Als ich in ihrer Begleitung flog, dachte ich lange nach und wählte meine Worte so aus, dass sie sie verstehen konnte. ›Möwe‹, sagte ich endlich, ›warum nimmst du mich mit, um Rae zu sehen, wo du doch in Wahrheit weißt, dass ich schon bei ihr bin?‹ Die Möwe flog abwärts und drehte über dem Meer, über den Hügeln und Straßen, bis sie sich sachte auf dem Dach deines Hauses niederließ.

›Was für dich zählt‹, sagte sie, ›ist diese Wahrheit zu erkennen; bis dahin, solange bis du wirklich verstehen wirst, kannst du sie nur durch die kleinen Dinge erfassen und das noch mit Hilfe von außen – die der Maschinen, der Leute, der Vögel ... –, aber erinnere dich‹, fügte sie hinzu, ›dadurch, dass man die Wahrheit nicht kennt, ist sie doch nicht weniger wahr‹, und sie flog von dannen.«

Schlussfolgerung 2

Harmonie und Ganzheit

»Verehre die Buddhas, aber verlasse dich nicht auf sie.«
Miyamoto Musashi

Aikidō ist ein Einweihungsweg. Dieser Weg ermöglicht wie andere auch eine rückläufige Bewegung und eine neue Entfaltung des Bewusstseins, das dadurch zur Erfahrung seines Selbst führt.

Dieser Aktionsrahmen geht über den persönlichen Rahmen hinaus, und der Ausübende greift durch ihn auf die Bewusstheiten des Kollektivs, aus denen die seinen hervorgehen, zurück. Die Bewusstheiten der Natur, die sich in ihm kundtun, können sich somit wieder anhand der Bewusstheiten der Individualität entfalten und machen wiederum die Erfahrung ihrer selbst. Wenn ich Gesellschaft, Religion, Kultur usw. anklage, will ich damit darauf aufmerksam machen, dass die Anwendung des Bewusstseins nicht durch Konzepte behindert werden darf, die selbst auf der Suche nach einer rückläufigen Bewegung sind, und das Gleiche gilt für die kollektiven Wesenheiten. Der Aikidōka zielt auf das Universelle, denn er ist von Natur aus ein Philosoph. Gibt es zwischen dem Kind, welches das erste Mal an die Tür des *dōjō* klopft, und dem inneren Künstler einen Ariadnefaden, bei dem wir in Versuchung kommen könnten, ihn »Weg« oder »Schicksal« zu nennen? Nein, denn der Weg geht vom inneren Künstler aus.

Die komplexe Abfolge von Begegnungen und Ereignissen, die diese auslösen, ist nur die Interaktion innerhalb der Bewusstheiten des Kollektivs, und wenn das Individuum überlebt, dann steht es als Zeichen dafür, dass die Bewusstheiten des Kollektivs von den Bewusstheiten des Universums durchdrungen werden. Die Individualität ist insofern das Zeichen des Bewusstseins des Universums, als sie die einzige ist, die sich durch die verschiedenen Bewusstheiten zieht. Wie die Interaktionen mit diesen auch sein mögen, sie taucht als ein absolutes Bewusstsein auf. Sie ist die Grundlage aller Beziehungen. Der freie Gedanke existiert, es ist der Gedanke, den der natürliche Mensch mit seinem Körper aussendet, weil er in sich sein Bewusstsein als universelles Individuum aufgebaut hat.

In den Menhiren der primitiven Menschen wollen alle den Ausdruck der Verbindung zwischen dem Bewusstsein des Menschen und dem Bewusstsein Gottes sehen (wobei sie damit das eine als außerhalb des anderen bestimmen). Eigentlich ist das der Versuch des mineralischen Bewusstseins, sich selbst zu durchdringen. Wie jedes Bewusstsein bedient es sich der Energie des Menschen als Vermittler, um durch ihn zum Ausdruck kommen zu können. Das Bewusstsein des Mineralischen ist eine Spaltung vom Bewusstsein des Universums und kann als eine solche Abspaltung keinen Zugang zum universell Seienden haben.

Nur das menschliche Individuum, das sich durch seine Fähigkeit zur Individuation dem Bewusstsein des Universums anschließen kann (dessen Merkmal es ist, die Gesamtheit zu sein), ermöglicht ihm diesen Zugang. Die Individualität ist also alles gleichzeitig, der Teil und das Ganze oder die Gesamtheit der Gesamtheit, d.h. die objektive Veräußerlichung der Einheit und der Spaltung.

Ich sage zwar: »Macht Schluss mit jeglicher Manipulation des Denkens, verweigert alles, was das Aufkeimen eures Denkens einschränkt«, aber ich sage damit nicht, dass die Bewusstheiten des Kollektivs und ihre Erscheinungsformen (Religionen, Kulturen etc.) keine notwendige Etappe für das menschliche Bewusstsein seien, und ich behaupte, dass man nicht in einer Abhängigkeit zu einem Meister oder zum Weg bleiben darf. Man darf noch nicht einmal von seiner eigenen leibhaftigen Geschichte abhängig bleiben.

Das freie Denken existiert sehr wohl, wenn es frei ist von sich, wenn das Denken der spontane Ausdruck des Wesentlichen ist. Es gibt kein kollektives spirituelles Bewusstsein. Die einzige spirituelle Geschichte der Welt ist die der Geburt des Daseins, dessen Kennzeichen die Individualität ist.

Es stimmt, dass die Bewusstheiten des Kollektivs den Erhaltungstrieb erworben haben, weil ihre Wurzeln aus dem Tierischen stammen. Das Kollektiv ist aus dem Herdentrieb geboren, und selbst wenn dieser der Ausdruck des Erhaltungsdrangs des Individuums ist, so befindet sich sein Mutterboden in den Bewusstheiten, und die Energie fließt zwischen diesen beiden Etappen nicht mehr. Die Kollektive verzehren die Individuen, um sich zu erhalten, wobei diese Individuen durch ihre fötale Geschichte und vor allem die der Kleinkindphase als Opfer gut vorbereitet sind. Der Mutterleib ist in der Tat der Reaktualisierungsort der Geschichte der Bewusstheiten der Natur, während die Kleinkindphase die Psyche des Individuums strukturiert. Sie gibt dem Individuum die Geschichte der Bewusstheiten der Kollektive ein. Diese Kollektive stammen aus Wesenheiten wie Rassen, Sippen, Familien, Gesellschaftsklassen ... Eigentlich liegt der Zusammenhang noch tiefer: nämlich in der Bindung der Materie, die weiß, dass sie nur aus der Materie entstehen kann. Sie handelt, indem sie eine Abhängigkeit vom Mutterboden schafft, der wiederum das Individuum dahingehend bestimmt, dass es von allen Mutterböden abhängig wird, und drückt damit den tiefen Überlebenswillen des sich offenbarenden Lebens aus.

Trägt denn die Erscheinungswelt tatsächlich die Erinnerung des ausschließlich wesenhaften Lebens, und wäre dieses »Trauma« nicht gerade der Ausdruck des Wesens selbst?

Unsere Schwierigkeiten als Individuum zu existieren beruhen darauf, dass die Objektivierung der Individualität die Geschichte dieses universellen Bruches reaktualisiert.

Freiheit und Dualität

Ich grüble nicht mehr über die Tatsache nach, ob die Individualität nun der Ort der Wiedervereinigung von Wesen / Erscheinung, Materie / Leere ist oder nicht, sondern ich bejahe dies mit meinem Körper.

Die Freiheit des menschlichen Denkens existiert nur dann wirklich, wenn dieses seine irdische Materie zurückerobert hat, d.h. wenn diese Materie ihre eigenen Bindungen, ihr traumatisches Verhältnis zur Dualität, objektiviert hat: die Leere ist das Zutagetreten eines Bruches innerhalb der Materie. Die Leere kann also nichts anderes als die abzulehnende Sache sein, da sie der Auslöser von Ängsten und instinktivem Verteidigungsverhalten ist – die eben angesprochenen Verhaltensweisen können allen bewussten Wesenheiten zugeschrieben werden bis hin zum ausgefeiltesten aller Konzepte, welches einen Teil von sich selbst ablehnen muss, um sich aufrechtzuerhalten, denn es ist unfähig, den Bruch, der in der Struktur alles Lebenden vorhanden ist, mit einzubeziehen.

Mein Körper bildet aus sich heraus die Struktur, in der mein Gedanke entsteht, und dieser Gedanke ist der Ausdruck von mir selbst, mir als Individuum. Dieser Gedanke kann ausgesendet werden und ist der Ausdruck meiner Freiheit in Beziehung zu meiner eigenen Geschichte. Dass mein Körper ein Gedankenauslöser ist und dass diese Gedanken in mir bleiben, bedeutet doch, dass die Täuschung des mentalen Denkens eine reale Einwirkung auf das Sein hat. Durch diese Einwirkung erfassen die Bewusstheiten des Kollektivs das Wesentliche, welches durch das Sein zu Tage tritt, denn das Sein ist Eins und die Einheit ist eben gerade der Ort des Wesentlichen.

Ewig sein, individuell sein, frei sein – es ist dasselbe. Es ist die Situation des Bewusstseins, welches sich neu entfaltet hat, um sich durch seine Interaktionen mit anderen Bewusstheiten erkennen zu können und sich zu definieren.

»*Ga wasureru no michi*«, so nennt es Kobayashi Sensei. Der Weg, der dahin führt sich zu vergessen? Bestimmt, das ist die letzte Stufe, wenn man bereits die Traditionen, Kulturen, Familienangehörigkeit, persönliche Geschichte und die Weltgeschichte vergessen hat.

Das Ich ist nicht mehr der Ort des Denkens, sondern das Denken ist der Ort des Ichs. Das Ich strebt im Denken empor, und wenn sich dieses Denken kundtut, so erscheint seine Struktur wie eine persönliche, ist aber eine universelle. Das Individuum hat seinen Platz gefunden, und der ist in ihm selbst. Wenn die Folgerichtigkeit des Mutterbewusstseins immer die des Überlebens ist, so mag es nicht verwundern, dass dieses dem Tochterbewusstsein lehrt, es sei sein Schicksal zu sterben, damit das Urbewusstsein weiterleben kann.

Und es erstaunt auch nicht mehr, dass das Tochterbewusstsein gar keine andere Möglichkeit hat als so zu denken, denn seine Ausgangsstruktur ist stofflich und diese Stofflichkeit kann sich nicht als unterbrochen denken.

Ja, unsere Kinder stellen uns dem Tod unserer Bewusstheiten gegenüber, und das ist ihre Funktion als unsere Kinder.

Unterrichten bedeutet: ich akzeptiere, meinem Tod ins Auge zu sehen. Es bedeutet, dem Reflex, auf das Bewusstsein des anderen Einfluss nehmen zu wollen, zu widerstehen, so wie der Angegriffene im Aikidō seine Kraft nicht gegen den Angreifer wendet, weil er dessen Handlung nicht einschränken will. Weder unsere Taten noch unsere Gedanken haben das Ziel, uns zu bestimmen. Das Sein befindet sich anderswo, und ich sage: der WEG ist nicht diese Verbindung zwischen der Tür des *dōjō*, an die ich einmal geklopft habe, und dem inneren Künstler, denn ich weiß, dass dieser Weg nur eine Kette von Impulsen von einem Mutterboden zum anderen ist.

Der WEG beginnt genau in diesem Augenblick, wenn die Kraft in uns emporsteigt und die Symbole, Regeln, Erfahrungen und das Wissen in eine Rolle von Fetischobjekten verbannt. Es bleibt nur eine Sehnsucht, die das vom Leben trunkene Bewusstsein nährt. Also nach dem konzeptuellen Orgasmus der spirituelle Orgasmus?

In jedem Fall ist die innere Freiheit diese heitere, ruhige und andauernde Trunkenheit, die Ekstase der bewussten Gesamtheit, die sich selbst umarmt und deren Sehnsucht niemals abgestumpft werden kann, selbst durch die Fülle nicht. Die Erde vermählt sich mit dem Himmel, und die Natur des Himmels ist die Leere und ermöglicht keine Objektivierung der Leere, die diese beiden trennt. Die Harmonie zwischen ihnen ist nicht zu widerlegen; für das Bewusstsein des Universums ist sie begrifflich.

Nach und nach hat sich der Mensch zwischen der Verbindlichkeit dieser Harmonie und seiner Freiheit aufgerichtet, und sein Bewusstsein schleudert ihn zur Leere hin – in einer Bewegung der Rückeroberung des universellen Mutterbodens.

»Gott schuf den Menschen nach seinem Bilde«, sagt man uns. Tatsächlich bedient sich das Bewusstsein des Universums des Menschen, um sich sich selbst zu offenbaren.

Der Aikidōka sagt, er sei frei dieses göttliche Handeln in sich zu akzeptieren, und damit bekräftigt er seine Freiheit es abzulehnen. Die letzten Zuckungen eines verkrampften Egos oder die offene Tür zu einer spirituellen Wirklichkeit?

Wenn man das materielle Bewusstsein, das tierische Bewusstsein, das mütterliche Bewusstsein, das soziale gute Gewissen etc. in sich voranschreiten sah, wenn man sein Wesen, seine individuelle Substanz unter der Einwirkung dieser Umkehrung zurückströmen sah, dann möchte man schreien: »Eine schwache menschliche Gesellschaft kann nur schwache Menschen hervorbringen, die danach streben, nur die für die Schwäche günstigen Strukturen aufrechtzuerhalten.«

Auf die ethische Frage des Geburtshelfers: »Wer darf leben, das Kind oder die Mutter?«, antwortet die Materialität seit ewigen Zeiten: »die Mutter«, und das ist der Ausgangspunkt allen Leidens. Der Aikidōka antwortet: »das Leben«.

Die Samurai des 16. Jahrhunderts fühlten sich im Vergleich zu den großen Helden des Minamoto-Epos des 12. Jahrhunderts schwach. Der Mensch des 20. Jahrhunderts hat seine Stärke durch die materiellen, kulturellen oder konzeptuellen Auswirkungen verloren. Und das ist schwerwiegend, denn der Mensch muss jedes Mal auf die Waffen zurückgreifen, um neue Kraft schöpfen zu können.

Die Kunst des Aiki bietet eine andere Lösung an, nämlich das Zurückführen des Bewusstseins zu seinem Ursprung, und dazu ist allein das Individuum fähig, da es schon vor allen anderen bewussten Wesenheiten existierte. Es ist das Eine. Der Mensch geriet in die religiöse Falle, weil er in die kollektive Falle geriet. Er geriet in die kollektive Falle, weil er sich nicht von seinem Überlebensinstinkt befreien konnte. Und das wiederum wegen seiner unvermeidlichen, durch den Körper hergestellten Verbindung zur Materie. Der Mensch steckt in der gesellschaftlichen Falle und sein Leben gleich mit.

Die Werkzeuge und Hilfsmittel, die das Kollektiv täglich erfindet, verbrauchen die Energie der Individuen, ohne diese dadurch weiterzuentwickeln.

Man braucht doch nur mal zu schauen, was die Produktionsmittel an Energie verbrauchen (Benzin, Gas, Kohle usw.).

Haben Sie sich einmal Gedanken darüber gemacht, dass die Bildung dieser Energiequellen Milliarden von Jahren gebraucht hat und dass ein paar Jahrzehnte ausreichen, um sie zu zerstören?

Denken Sie über die Tatsache nach, dass heutzutage kein Ort mehr von der Umweltverschmutzung verschont bleibt? Das ist das Lösegeld für die Schwäche des Menschen, der seine Entscheidungskraft an Objekte abgibt, in die er sein Bewusstsein investiert hat. Ein autistischer Reflex einer Gesellschaft, die an einem kollektiven Komplex der intra-uterinen Abwehr leidet.

Wann kommt die Stille des Denkens?

Der Mensch hat sich die Mittel zu seiner eigenen Zerstörung aufgebaut, und zwar auf Grund der tief greifenden Depression des Bewusstseins des Kosmos. Der göttliche Psychotherapeut hat seine Aufgabe nicht erfüllt. Die Mutter ist depressiv, und das Kind muss sich zerstören, um seine Mutter zu erhalten. Stellen Sie dem ein »Nein« entgegen, und das wird Ihnen ermöglichen sich zu definieren. Die Erscheinungswelt ist das Scheitern des Wesens bei dem Versuch sich darzustellen, genauso ist das Kind das Scheitern der Erzeuger bei dem Versuch sich darzustellen.

Der Grund dafür ist in beiden Fällen der, dass diese Darstellung die zwei Dimensionen, die zur Erzeugung einer bewussten Wesenheit notwendig sind, mit einschließt, darin aber das Prinzip ihrer eigenen Teilung als eine dieser Dimensionen schon mit enthalten ist. Wird diese objektiviert, so ist sie nicht mehr sie selbst, sondern sie wird die Darstellung.

Die Erscheinung wird zum Wesen. Was den Mensch hindert, sich heutzutage weiterzuentwickeln, ist, dass »Gott, der ihn nach seinem Bilde schaffen wollte«, sich heute weigert, an sich selbst zu sterben, damit der Mensch leben kann. Jesus Christus ist tot, und das bedeutet, der Mensch ist tot, und selbst wenn das zu jener Zeit richtig schien, so muss heute das Umgekehrte geschehen. Sonst werden alle Menschen ans Kreuz kommen, und wir erschaffen die Welt noch einmal mit der doppelten Rechtfertigung des Leidens und der verherrlichten Abhängigkeit.

Wenn ein Stier wütend auf den Boden stampft, bevor er losstürmt, hegt er keinerlei Zweifel daran, dass der Boden von seinen Stößen aufgewirbelt wird. Und deswegen ist sein Stürmen so wunderbar, und deswegen spürt er so stark den Boden unter seinen Füßen dahinzischen. Und jedes Mal wenn er losstürmt, bekommt er die Bestätigung, dass die Erde ihm gehorcht: man kann nicht aus dem Zweifel oder aus dem Urteil heraus handeln.

Wenn Sie nicht die Kraft haben Ihre Widerstandskraft Ihrem Dasein entgegenzusetzen, dann fahren Sie eben fort zu glauben, zu vermuten, zu meinen.

Wenn Sie die Stärke besitzen sich Ihnen selbst entgegenzusetzen, dann greifen Sie mithilfe Ihres Körpers den Faden auf, der sich mit dem ersten Beben des Wesens entspinnt und verfolgen Sie diesen Faden bis zu Ihrem Bewusstsein, und senden Sie Ihren eigenen Gedanken aus, den, der noch keinerlei Einflüsse erfuhr, weder interne noch externe, den, der Sie nicht kennzeichnet, der Sie nicht zum Ausdruck bringt.

Versöhnen Sie sich nicht mit ihm, Sie würden damit riskieren unproduktiv zu werden oder nichts als ein Handlanger einer äußeren Wesenheit zu sein.

Der Konflikt ist schöpferisch, und der wahre Sieg erzeugt keinen Verlierer.

Lassen Sie das Universum über alles siegen, denn nichts ist von ihm verschieden, und alles gewinnt mit ihm.

Lassen Sie sich mit ihm zusammen gewinnen.

Lassen Sie sich selbst gewinnen, denn mit Ihnen siegt die universelle Gesamtheit.

Das freie Sein und das universelle Sein sind eins. Und verwechseln Sie dieses Eine nicht mit den Ayatollahs der Spiritualität, mit den Aiki-Attilas der offiziellen Harmonie. Nach ihnen wächst alles wieder neu, auch der Glaube und die Überzeugungen!

Glossar

Budō – *bu, bushi*: der Krieger, *dō*: der WEG. Ursprünglich nannten sich die Kampfkünste *bujutsu*, Kampf-Technik. Unter dem Einfluss des friedfertigen Gedankenguts des Buddhismus und des Daoismus und vielleicht auch des Tokugawa-Shōgunats (ein Shōgun ist eine Art Militär-diktator) veränderten sich die Kampfkünste zu einer Kunst der Erziehung, benutzten das Wort *dao* des chinesischen Daoismus und verwandelten es in *dō*. *Bu* ist ein Begriff, der eine Polemik in sich trägt: einige sehen darin die Kampf-kunst im engeren Sinn, andere lesen die zwei Teile, aus denen sich das *kanji* (Schriftzeichen) dieses Wortes zu-sammensetzt: *Yari tomaru*, die Kunst des Anhaltens der Waffen (*yari*: die Lanze, symbolisch für Waffe, und *toma-ru*: stoppen).

Dan – Grad, Stufe, Stadium. Gebräuchliches japanisches Wort (von *kaidan*: Treppe). Dient in den Kampfkünsten zur Kennzeichnung der jeweiligen Stufe auf der hierarchischen Leiter (vom 10. *kyū* rückwärts bis zum 1. *kyū*, und dann vom 1. bis zum 8. *dan* und darüber).

Dōgi – von *dō*: der Weg, und *gi*: Kleidung. Ausdruck, mit dem man die Kleidung, in der man übt, bezeichnet. Man könnte noch genauer sagen: Aikidō-gi, Jūdō-gi, Karate-gi, je nach-dem, welche der Künste ausgeübt wird. Der Gebrauch des Wortes *kimono* (von *kiru*: sich anziehen; *mono*: Objekt, Ding) ist eher ungenau. Es bezeichnet häufig feierliche Kleidung, stets jedoch formelle bzw. Ausgehkleidung.

Dōjō – *dō*: der WEG, und *jō*: Ort, Raum. Der Ort des WEGES. Der Ort des Studiums des WEGES. *Dōjō* bezeichnet die Halle, in der man übt.

Gasshō – das senkrechte Zusammenlegen beider Hände, um sich zu verneigen. Wird speziell in der Zen-Meditation (Zazen) angewendet.

Hakama – Traditionelle Hose des Samurai. Weist ursprünglich auf Adeligkeit hin. Heute eine Hose für Zeremonien und Feierlichkeiten. Im Aikidō trägt man das *hakama* ab dem 1. Dan.

Hanza – »Halber« Lotussitz. Bezeichnet in etwa die Haltung, die wir »Schneidersitz« nennen. Im *hanza* müssen die Knie bis zum Boden gesenkt werden sowie Rücken und Becken aufgerichtet sein.

Hara – Bauch. In den Körpertechniken das vitale Zentrum, der Mittelpunkt.

Jō – Der Stock, mit dem man *aikijō* ausübt.

Jōseki – Südwand des *dōjō*. Höher gestellter Platz.

Jūdō – »Der sanfte Weg«.

Kamiza – der Ort, wo sich die Gottheiten befinden. Ostwand des *dōjō*, Ehrenwand und der Platz, von dem aus man den Unterricht gibt.

Karate – eigentlich »Karate-dō«, »Die Kunst der leeren Hand«. Diesen Namen gaben die Japaner den Kampfkünsten, die Anfang des Jahrhunderts von Okinawa kamen. Okinawa hat ihrerseits ihre Künste aus chinesischer Herkunft via Taiwan geerbt.

Katana (schneidendes Stahlschwert) – *Iaitō* (Übungsschwert aus Stahl zum Üben der Kunst, das Schwert aus der Scheide zu ziehen und zu schlagen, *Iai-dō*); *Bokken* (Holzschwert); *Shinai* (Bambusschwert).

Ken – Bezeichnet allgemein das Schwert.

Kendō – Weg des Schwertes. Moderne Form der japanischen Schwertkunst.

Kōhai – »Der Jüngere« (Gegensatz von *Senpai*).

Meguri – Fortbewegung mit Drehung. Ein Wort, das im Aikidō benutzt wird, um eine komplexe Drehbewegung zu kennzeichnen, die dazu bestimmt ist, den Partner im Moment des Kontakts aus seiner Achse und damit seiner Stabilität zu bringen.

Mokusō – »Beginn der Meditation«.

Nō – Traditionelles japanisches Theater in sehr kodifizierter Form, in dem ein Schauspieler vorträgt, singt und tanzt, wobei er von Musikern begleitet wird, die mit auf der Bühne sind.

Obi – Gürtel (traditionell der Gürtel, der das Kimono der Frauen und das Hakama der Männer hält. Breiter, bei den Frauen noch breiterer, flacher und farbiger Gürtel). Wichtiger Teil der Festkleidung. Im Aikidō wird er zum

Halten des *hakama* benutzt. Für Frauen ist er breiter und wird höher getragen, weshalb sie auch längere *hakama* haben als Männer. Der Grund dafür liegt vor allem in dem Bestreben, der Tradition und der Eleganz zu entsprechen, denn die Ästhetik ist ein Begriff, der dem Aikidō alles andere als fremd ist.

Ritsurei – Ehrenbezeugung, Begrüßung, Verneigung im Stehen.

Ryū – Traditionelle Kampfkunstschule. Oft ein Stamm oder eine Familie, die im Besitz der Kenntnis einer Kampfkunst ist.

Sensei – »Der vorher Geborene«. Anrede u.a. für den Kampfkunstlehrer. In der Form »Ō-Sensei« mit einem ehrenbezeugendem Präfix bezeichnet es den Gründer des Aikidō, Morihei Ueshiba.

Shintō – Offizielle japanische Religion. Ist auf einem Mythos aufgebaut, der uns in dem Buch *Kojiki* überliefert wurde. Die Kampfkünste haben immer mehr oder weniger klare Verbindungen mit japanischen, shintōistischen, buddhistischen, christlichen oder anderen Religionen unterhalten. Es ist übrigens nicht selten, Symbole dieser verschiedenen Religionen zusammen zu sehen. Selbst unter den Japanern sind nur wenige Menschen in den Kampfkünsten fähig die Symbole entsprechend ihrer Herkunft zu klassifizieren.

Shimoza – Westwand des *dōjō* gegenüber dem *kamiza*. Die Wand, wo die Schüler sitzen und die Richtung, zu der hin der Unterricht gehalten werden muss.

Senpai – »Der Ältere«, also ein erfahrener Schüler als man selbst (Gegensatz von *kōhai*).

Shimozeki – Nordwand des *dōjō*. Der Ort, wo man die Besucher hinsetzt, die keine Kampfkunst ausüben.

Seiza – Sitz auf den Fersen (in den traditionellen japanischen Künsten sehr gebräuchlich). Stellung, die eine korrekte aufrechte Haltung, Wachsamkeit und die Hochachtung des anderen ausdrückt.

Shite – »Derjenige, der ausführt« (Ableitung von *suru*, machen). Bezeichnet den Partner, der die Technik anwendet, im Gegensatz zu dem, der sie »empfängt« (*uke*).

Seiza-shite – »Macht Seiza!«. Vom Lehrer gegebene Anweisung vor der Verneigung. Man kann auch *seiritsu* (»Sitzhaltung«)

verwenden; es hat dieselbe Bedeutung, aber *Seiza-shite* hat einen mehr befehlenden Charakter.

Satori – Verwirklichung, Offenbarung, Erleuchtung.

Tokonoma – eine Ehrennische, die man in allen japanischen Häusern findet. Man konnte in ihr früher auch die Urnen der verstorbenen Eltern finden.

Tatami – Matte aus Reisstroh, mit der man den Boden in traditionellen japanischen Wohnhäusern auslegt. Trainingsunterlage im *dōjō*.

Uke – Derjenige, der die Technik »erhält«, von *ukeru*, erhalten; *uke-tori*: etwas Erhaltenes.

Zarei – Verneigung im Sitzen.

WEITERE BÜCHER IM WERNER KRISTKEITZ VERLAG:

Kisshōmaru Ueshiba
Der Geist des Aikidō

Morihei Ueshiba
Budō
Das Lehrbuch des Gründers des Aikidō

Bücher von Kōichi Tōhei
Das Ki-Buch
Der Weg zur Einheit von Geist und Körper

Ki im täglichen Leben

Kiatsu – Heilung mit Ki

Kenjirō Yoshigasaki
Reise ins unbekannte Ich
Wege zu einem neuen Wahrnehmen

John Stevens
Zen – Schwert – Kunst
Die Mutō-ryū-Schwertschule des Yamaoka Tesshū,
Großmeister der Schwertkunst, Zen-Meister
und Meister der Kalligraphie

John Stevens
»Unendlicher Friede«
Die Biografie des Aikidō-Gründers Morihei Ueshiba

Dies ist nur eine kleine Auswahl aus unserem Programm.
Fordern Sie den kostenlosen Gesamtkatalog bei uns an!
WERNER KRISTKEITZ VERLAG
LÖBINGSGASSE 17 • 69121 HEIDELBERG
WWW.KRISTKEITZ.DE